葡萄牙语翻开就说

Speak Portuguese Immediately

随时听,
随时翻,
随时说

葡萄牙语
大事小情,
速翻速查,
即学即用!

丛书主编　云　心
本书主编　王小可
参　　编　陈　瑶　陈　玺　符向锋
　　　　　王小妹　缪春萍　王小可
　　　　　龚　曦　迪　娜　杨晓琳
　　　　　蒙健平　何东燃　林海肖

机械工业出版社
CHINA MACHINE PRESS

本书是专门为葡萄牙语刚入门或基础较弱、急于开口说葡萄牙语的读者量身定制的一本实用葡萄牙语速成工具书,能帮助读者轻轻松松快速掌握简单葡萄牙语。

全书分为四大部分,将日常必需单词、日常生活用语、情景应急口语全部覆盖,第四部分附录对葡萄牙国家概况、节日和赴习俗作了介绍。这是一本即翻即用型的便携工具书,是葡萄牙语国家学习、生活、工作、旅游和购物的好帮手。

图书在版编目(CIP)数据

葡萄牙语翻开就说/王小可主编. —北京:机械工业出版社, 2018.11

(语言梦工厂/云心主编)

ISBN 978-7-111-61200-1

Ⅰ. ①葡… Ⅱ. ①王… Ⅲ. ①葡萄牙语—口语—自学参考资料 Ⅳ. ①H773.94

中国版本图书馆CIP数据核字(2018)第243662号

机械工业出版社(北京市百万庄大街22号 邮政编码100037)
责任编辑:孙铁军 责任印制:孙 炜

保定市中画美凯印刷有限公司印刷

2019年7月第1版第1次印刷
101mm×184mm・6.083印张・212千字
0001—4000册
标准书号:ISBN 978-7-111-61200-1
定价:34.80元

电话服务	网络服务
客服电话:010-88361066	机 工 官 网:www.cmpbook.com
010-88379833	机 工 官 博:weibo.com/cmp1952
010-68326294	金 书 网:www.golden-book.com
封底无防伪标均为盗版	机工教育服务网:www.cmpedu.com

前言

随着生活水平的提高和生活观念的改变,说走就走的旅行已是常态。葡萄牙语国家地处欧洲、亚洲、非洲和拉丁美洲,从我国澳门开始,我们接触葡萄牙语的机会越来越多,然而却没法开口沟通,不知道如何学习一门外语一直是大多数人不得不面对的大难题。

有的人说:"吃葡萄吐不吐葡萄皮我都行,但说葡萄牙语却是想都没想过。"有的人说:"以为自己多少会说一些,可一接触到老外,整个人就凌乱了……"还有的人会说:"我没有语言细胞。上学学了这么多年英语都没学好,学葡萄牙语恐怕悬!"

我只想说,你想太多了!

不用学发音,不用背颠三倒四的语法,你翻开本书就能开口说葡萄牙语。

本书将中文单词放在首位,是为了方便你速查即用。葡萄牙语单词下面分别标注了拼音及汉字谐音,两种标注法,总有一款适合你。如能结合使用,效果更佳。

你会说汉语吗?看中文汉字没问题吧?一定没问题!

既然都没问题,那再问个更深层次的。会拼字吗?比如"科"+"阿"="咖"。也就是咱们刚学拼音时学的,"科阿咖""了阿拉"这样的。

拼字也没问题?那恭喜你!

翻开这本书,你就能说葡萄牙语!对,就是这么简单。1秒钟就能找到会说葡萄牙语的成就感。

编 者

标注说明

① **本书谐音并非随意取字！有些谐音汉字同音不同调是特意为之。请放心按照汉字音调发音,轻松读出标准语音语调的地道葡萄牙语。**

如:发音da(da)

哒=da(轻声),搭=dā(①调),达=dá(②调),打/大=dà(④调)(葡语中没有汉语的三声,由于有些发音没有四声汉字,因此本书出现的所有三声字都表达四声)

② **谐音中的下划线"＿"表示连读或拼读。请结合罗马音辨别需要连读还是拼读,亦可听录音跟读。**

连读即下划线中的音都要发出,只是需要迅速带过,不能停顿发成两个单独的音。

如:香烟　　　　　　　　开心

cigarro　　　　　　　　prazer

syi.ga.hu　　　　　　　p.la.zai.l

斯―嘎呼　　　　　　　扑拉在了

拼读即要像汉语拼音一样将两个汉字拼读起来。

如:科―=kī(①调),科亿=kì(④调)

比基尼　　　　　　　　这里

Biquini　　　　　　　　aqui

bi.ki.ni　　　　　　　　a.ki

逼科―腻　　　　　　　啊科亿

③ **有些汉字谐音相同,罗马音不同。请结合罗马音辨别是否只发辅音。**

如:"师"在谐音标注中罗马音分为shi和sh两种。

shi发音与汉字谐音一致,sh则只需发辅音部分,

标注说明

无元音发音。

再见！	父母
Adeus!	pais
a.dei.wu.shi	bai.yi.sh
啊嘚乌师	派一师

再如："了"在谐音标注中罗马音分为le和l两种。le发音与汉字谐音一致，l则只是舌尖接触口腔上部即可，不额外发音。

有趣的	开心
interessante	prazer
yin.te.le.san.te	p.la.zai.l
因特勒三的	扑拉 在了

④ 葡语里没有送气音和非送气音的区别，即t与d、p与b的发音区别并不是送气与否，而是喉音的轻重。因此t读作轻声的d，p读作轻声的b。罗马音标注中虽仍会标注为t和p，但请不要发成送气音。

如：

辣的	晚上
Picante	noite
pi.kan.te	nao.yi.te
批看的	闹一的

前言
标注说明

第一部分　日常必需单词

01 称谓 2
02 数字 8
03 时间 18
04 年、月、日 24
05 节日、季节 30
06 食品 32
07 颜色 40
08 交通工具 41

第二部分　日常生活用语

01 打招呼 44
　◎日常招呼 44
　◎第一次见面 48
　◎自我介绍 50
　◎到别人家拜访 54
　◎到别人公司 59
02 告别语 61
　◎日常告别 61

目录

◎结束拜访 63
◎约定下次再相见 64
◎探访完病人时 68
◎要分离很久时 70

03 祝贺语 72
◎日常祝贺语 72
◎节日祝贺语 75

04 感谢·道歉 76
◎日常感谢语 76
◎接受别人帮助时 78
◎道歉与回应 79
◎让别人久等时 81

05 请求 82
◎麻烦别人 82
◎请别人等候时 84
◎请求对方允许 86

06 答复 87
◎肯定的答复 87
◎否定的答复 90

07 语言不通 92
◎听不懂葡语时 92
◎告诉对方自己不会葡语 95

08 邀请·婉拒 96

09 询问 100
◎询问语言 100
◎询问地点 102
◎询问人 105
◎询问原因理由 106

第三部分　情景应急口语

01 出入境时 110
　◎护照检查 110
　◎海关检查 112

02 交通出行 117
　◎问路 117
　◎乘公共汽车 121
　◎乘出租车 123
　◎搭乘飞机 126
　◎搭乘火车 128
　◎搭乘轮船 131
　◎交通标志 134

03 打电话 136
　◎找人 136
　◎咨询 138
　◎预约 140

04 用餐 144
　◎订位 144
　◎点菜 147
　◎付账 151
　◎在快餐店 154
　◎叫外卖 157

05 住宿 159
　◎问价、订房 159
　◎看房 162
　◎要求服务 166
　◎结账退房 170

06 购物 173
　◎选择商品 173
　◎询问价格 176

- ◎讨价还价 177
- ◎付款 179
- ◎退换货 182

07 观光娱乐 184
- ◎买门票 184
- ◎询问景点位置 186
- ◎在游乐场 188
- ◎看电影 190
- ◎演唱会 193
- ◎运动 194
- ◎找洗手间 197

08 在邮局 198
- ◎寄信或明信片 198
- ◎寄包裹 203

09 在银行 209
- ◎存/取款 206
- ◎开户 210
- ◎挂失 212
- ◎信用卡 214
- ◎支票 216
- ◎转账 219
- ◎汇款 221
- ◎兑换货币 223

10 在医院 226
- ◎预约 226
- ◎挂号 228
- ◎就诊 232
- ◎付费 236
- ◎取药 239

11 遇到麻烦时 241
- ◎迷路 241

- ◎ 呼救 244
- ◎ 遭窃 246
- ◎ 在警察局 249

12 商务用语 252
- ◎ 公司部门 252
- ◎ 头衔 254
- ◎ 商务咨询 257
- ◎ 商务谈判 261
- ◎ 签订合同 263

第四部分 附 录

- 01 葡萄牙情况简介 268
- 02 葡萄牙节日简介 274
- 03 葡萄牙习俗简介 277

第一部分

日常必需单词

01 称谓

我	我们
eu	nós
ei.wu	nao.sh
诶乌	闹师
你	你们
você	vocês
v.ou.s.ei	v.ou.s.ei.sh
乌欧/色诶	乌欧/色诶师
他	他们(可以包括她们)
ele	eles
ei.le	ei.le.sh
诶了	诶了师
她	她们
ela	elas
ai.la	ai.la.sh
艾啦	艾拉师
(更亲近的)你	各位
tu	todos
tu	tou.du.sh
吐	偷嘟师
我的	你的/他的/她的
meu/minha	seu/sua
mei.wu/mi.ni.ya	sei.wu/su.a
妹乌/咪尼呀	塞乌/素啊

第一部分 日常必需单词

（更亲近的）你的	你们的
teu/tua	**vosso/vossa**
tei.wu/tu.a	vou.su/vou.sa
忒乌/吐啊	乌欧苏/乌欧撒
那（离说话人远，听话人近）	那个（离说话人远，听话人近）
esse/essa	**isso**
ei.se/ai.sa	yi.su
诶色/艾撒	伊苏
那（离对话双方都远）	那个（离对话双方都远）
aquele/aquela	**aquilo**
a.kai.le/a.kai.la	a.k.yi.lu
啊开了/啊开啦	啊科一噜
这	这个
este/esta	**isto**
ei.sh.te/ai.sh.ta	yi.sh.tu
诶师的/艾师它	伊师凸
这里	那里（离说话人远，听话人近）
aqui	**aí**
a.k.yi	a.yi
啊科意	啊意
那里（离对话双方都远）	
ali	
a.li	
啊利	

注：代词的选择根据其后名词的阴阳性而不同，且单复数随名词单复数变化。

如o meu dinheiro（我的钱）， a minha casa（我的房子），as minhas casas（我的许多房子）。

家庭成员

父亲 **pai** pa.yi 怕一	母亲 **mãe** man.yi 曼一
哥哥 **irmão mais velho** yi.l.mang.ma.yi.sh.wai.liu 伊了忙 妈衣师 歪溜	姐姐 **irmã mais velha** yi.l.man.ma.yi.sh.wai.lia 伊了曼 妈衣师 歪俩
祖父，外公 **avô** a.vou 啊乌讴	祖母，外婆 **avó** a.vao 啊乌奥
弟弟 **irmão mais novo** yi.l.mang.ma.yi.sh.nao.wu 伊了忙 妈衣师 孬乌	妹妹 **irmã mais nova** yi.l.man.ma.yi.sh.nao.wa 伊了曼 妈衣师 孬挖
叔叔，伯伯，舅舅 **tio** ti.wu 替乌	阿姨，姑姑，婶婶 **tia** ti.a 替啊
儿子/令郎 **filho** fyi.liu 夫一溜	女儿/令爱 **filha** fyi.lia 夫一俩

第一部分 日常必需单词

父母	孩子
pais	**filhos**
pa.yi.sh	fyi.liu.sh
怕一师	夫一溜师
丈夫	**妻子**
marido	**esposa**
ma.li.du	yi.sh.pao.za
妈哩嘟	伊师抛杂
孙子(女),外孙(女)	堂兄妹,表兄妹
neto/neta	**primo/prima**
nai.tu/nai.ta	p.li.mo/p.li.ma
内凸/奈它	扑哩目/扑哩妈
媳妇	**女婿**
nora	**genro**
nao.la	zhan.hu
孬啦	詹呼

各种职业

老师	农民
professor	**agricultor**
professora	**agricultora**
p.lu.fe.sou.l	a.g.li.gu.tou.l
p.lu.fe.sou.la	a.g.li.gu.tou.la
扑噜/夫额嗽了	啊哥哩咕透了
扑噜/夫额嗽啦	啊哥哩咕偷啦

葡萄牙语翻开就说

学生	服务员
estudante	**servante**
yi.sh.du.dan.te	se.l.wan.te
伊师嘟担的	色了弯的
律师	医生
advogado	**médico**
advogada	**médica**
a.d.wu.ga.du	mei.di.ku
a.d.wu.ga.da	mei.di.ka
啊的乌嘎嘟	妹滴哭
啊的乌嘎嗒	妹滴咔
政府/公司职员	司机
funcionário	**condutor**
funcionária	**condutora**
fen.siu.na.liu	kong.du.tou.l
fen.siu.na.lia	kong.du.tou.la
夫恩/斯羞呐溜	空嘟透了
夫恩/斯羞乌呐俩	空嘟偷啦
记者	主持人
jornalista	**presidente**
zhu.l.na.li.sh.ta	p.le.syi.den.te
朱了呐哩师它	扑勒/斯一等特
警察	
polícia	
pu.li.syi.a	
扑利斯一啊	

第一部分 日常必需单词

播音员	政治家
locutor	**político**
locutora	**política**
lu.ku.tou.l	pu.li.ti.ku
lu.ku.tou.la	pu.li.ti.ka
噜哭透了	扑离踢哭
噜哭偷啦	扑离踢咔
演员	**导演**
ator	**director**
atriz	**directora**
a.tou.l	di.lei.tou.l
a.t.li.sh	di.lei.tou.la
啊透了	滴类透了
啊特利师	滴类偷啦
外交官	**秘书**
embaixador	**secretário**
embaixatriz	**secretária**
en.ba.yi.sha.dou.l	se.k.le.ta.liu
en.ba.yi.sha.t.li.sh	se.k.le.ta.lia
恩爸衣沙豆了	色科勒它溜
恩爸衣沙特利师	色科勒它俩
口译员	**翻译**
interpretador	**tradutor**
interpretadora	**tradutora**
yin.de.l.p.lai.ta.dou.l	t.la.du.tou.l
yin.de.l.p.lai.ta.dou.la	t.la.du.tou.la
因特了扑来它透了	特啦嘟透了
因特了扑来它偷啦	特啦嘟偷啦

02 数字

0	1	2
zero zai.lu	**um/uma** wun/wu.ma	**dois/duas** dou.yi.sh du.a.sh
栽噜	乌恩/乌妈	豆一师/度啊师
3	4	5
três t.lei.sh	**quatro** kua.t.lu	**cinco** syin.ku
特累师	夸特噜	斯因哭
6	7	8
seis sai.yi.sh	**sete** sai.te	**oito** ao.yi.tu
赛一师	塞特	凹一凸
9	10	11
nove nao.v.e	**dez** dai.sh	**onze** ong.ze
孬乌额	戴师	翁则
12	13	14
doze dou.ze	**treze** t.lai.ze	**catorze** ka.dou.l.ze
兜则	特来则	咔兜了则

第一部分 日常必需单词

15	16	17
quinze	**dezasseis**	**dezassete**
kyin.ze	de.za.sai.yi.sh	de.za.sai.te
科因则	的咂赛一师	的咂塞特
18	19	20
dezoito	**dezanove**	**vinte**
de.zou.yi.tu	de.za.nao.v.e	vyin.te
的邹一凸	的咂孬乌额	乌因的
21	30	40
vinte e um/uma	**trinta**	**quarenta**
vyin.te.yi.wu./wu.ma	t.lin.ta	kua.lan.ta
乌因的 伊 乌/乌妈	特拎它	夸蓝它
50	60	70
cinquenta	**sessenta**	**setenta**
syin.kuan.ta	se.san.ta	se.tan.ta
斯因宽它	瑟三它	瑟摊它
80	90	100
oitenta	**noventa**	**cem**
ao.yi.tan.ta	nao.wan.ta	s.en
凹一摊它	孬弯它	瑟恩
110	200	300
cento e dez	**duzentos**	**trezentos**
san.tu.yi.dai.sh	du.zan.tu.sh	t.le.zan.tu.sh
三凸 伊 带师	嘟簪凸师	特勒簪凸师

葡萄牙语翻开就说

400	500	600
quatrocentos	**quinhentos**	**seiscentos**
kua.d.lu.san.tu.sh	kyi.nian.tu.sh	sai.yi.sh.san.tu.sh
夸特噜 三凸师	科一拢凸师	赛一师 三凸师
700	1000	2000
setecentos	**mil**	**dois mil**
sai.te.san.tu.sh	mi.wu	dou.yi.sh mi.wu
塞特 三凸师	密乌	豆一师 密乌
10000	一百万	一千万
dez mil	**um milhão**	**dez milhões**
dai.sh mi.wu	wu mi.liang	dai.sh mi.liao.yi.sh
带师 密乌	乌 咪粮	带师 咪廖一师
一亿	成百上千的	数百万的
cem milhões	**milhares de**	**milhões de**
s.en mi.liao.yi.sh	mi.lia.l.sh de	mi.liao.yi.sh de
瑟恩 咪廖一师	咪俩了师 的	咪廖一师 的

 次序

第1个	第2个	第3个
primeiro	**segundo**	**terceiro**
p.li.mei.yi.lu	se.gun.du	te.l.sei.yi.lu
扑哩没衣噜	瑟棍嘟	特了塞衣噜

第一部分 日常必需单词

第4个	第5个	第6个
quarto	**quinto**	**sexto**
kua.l.tu	kyin.tu	sai.sh.tu
夸了凸	科因凸	塞师凸
第7个	第8个	第9个
séptimo	**oitavo**	**nono**
sai.ti.mu	ao.yi.ta.wu	nao.nu
塞踢目	凹一它乌	孬呶
第10个	第11个	第20个
décimo	**décimo primeiro**	**vigésimo**
dai.syi.mu	dai.syi.mu p.li.mei.yi.lu	vyi.zhai.syi.mu
呆斯一目	呆斯一目 扑哩没衣噜	乌一摘斯一目

第30个	第40个
trigésimo	**quadragésimo**
t.li.zhai.syi.mu	kua.k.la.zhai.syi.mu
特哩摘斯一目	夸的啦摘斯一目
第50个	第60个
quinquagésimo	**sexagéstimo**
kyin.kua.zhai.syi.mu	sai.k.sa.zhai.syi.mu
科因夸摘斯一目	塞科撒摘斯一目
第70个	第80个
septuagésimo	**octogésimo**
sai.tu.a.zhai.syi.mu	ao.k.tu.zhai.syi.mu
塞凸啊摘斯一目	凹科凸摘斯一目

第90个	第100个
nonagésimo nao.na.zhai. syi.mu	**centésimo** sen.tai.syi.mu
孬呐摘斯一目	瑟恩台斯一目

1人	2人
uma pessoa wu.ma.pe.sou.a	**duas pessoas** du.a.sh.pe.sou.a.sh
乌妈 坡嗽啊	度啊师 坡嗽啊师
3人	4人
três pessoas t.lei.sh. pe.sou.a.sh	**quatro pessoas** kua.t.lu. pe.sou.a.sh
特累师 坡嗽啊师	夸特噜 坡嗽啊师
5人	6人
cinco pessoas syin.ku. pe.sou.a.sh	**seis pessoas** sai.yi.sh. pe.sou.a.sh
斯因哭 坡嗽啊师	赛一师 坡嗽啊师
7人	8人
sete pessoas sai.te.pe.sou.a.sh	**oito pessoas** ao.yi.tu.pe.sou.a.sh
塞特 坡嗽啊师	凹一凸 坡嗽啊师
9人	10人
nove pessoas nao.v.e. pe.sou.a.sh	**dez pessoas** dai.sh.pe.sou.a.sh
孬乌额 坡嗽啊师	戴师 坡嗽啊师

第一部分 日常必需单词

11人	20人
onze pessoas	**vinte pessoas**
ong.ze.pe.sou.a.sh	vyin.te.pe.sou.a.sh
翁则 坡嗽啊师	乌因的 坡嗽啊师

 次数

1次	2次
uma vez	**duas vezes**
wu.ma.wai.sh	du.a.sh.wei.ze.sh
乌妈 胃师	度啊师 胃则师
3次	4次
três vezes	**quatro vezes**
t.lei.sh.wei.ze.sh	kua.t.lu.wei.ze.sh
特累师 胃则师	夸特噜 胃则师
5次	6次
cinco vezes	**seis vezes**
syin.ku.wei.ze.sh	sai.yi.sh.wei.ze.sh
斯因哭 胃则师	赛一师 胃则师
7次	8次
sete vezes	**oito vezes**
sai.te.wei.ze.sh	ao.yi.tu.wei.ze.sh
塞特 胃则师	凹一凸 胃则师
9次	10次
nove vezes	**dez vezes**
nao.v.e.wei.ze.sh	dai.sh.wei.ze.sh
孬乌额 胃则师	戴师 胃则师

11次	20次
onze vezes ong.ze.wei.ze.sh	**vinte vezes** vyin.te.wei.ze.sh
翁则 胃则师	乌因的 胃则师

1欧元	2欧元
um euro wun.ei.wu.lu	**dois euros** dou.yi.sh.ei.wu.lu.sh
乌恩 诶乌噜	豆一师 诶乌噜师
3欧元	4欧元
três euros t.lei.sh.ei.wu.lu.sh	**quatro euros** kua.t.lu.ei.wu.lu.sh.
特累师 诶乌噜师	夸特噜 诶乌噜师
5欧元	6欧元
cinco euros syin.ku.ei.wu.lu.sh	**seis euros** sai.yi.sh.ei.wu.lu.sh
斯因哭 诶乌噜师	赛一师 诶乌噜师
7欧元	8欧元
sete euros sai.te.ei.wu.lu.sh	**oito euros** ao.yi.tu.ei.wu.lu.sh
赛特 诶乌噜师	凹一凸 诶乌噜师
9欧元	10欧元
nove euros nao.ve.ei.wu.lu.sh	**dez euros** dai.sh.ei.wu.lu.sh
孬乌额 诶乌噜师	带师 诶乌噜师

第一部分 日常必需单词

100欧元	1000欧元
cem euros s.en.ei.wu.lu.sh	mil euros mi.wu.ei.wu.lu.sh
瑟摁 诶乌噜师	密乌 诶乌噜师
1分	2分
um cêntimo wun.sen.ti.mu	dois cêntimos dou.yi.sh sen.ti.mu.sh
乌恩 森踢目	豆一师 森踢目师
0.1欧元	0.5欧元
dez cêntimos dai.sh.sen.ti.mu.sh	cinquanta cêntimos syin.kuan.ta.sen.ti.mu.sh
带师 森踢目师	斯因宽它 森踢目师

分数

1/2	1/3
meio/meia mei.yi.wu/mei.yi.a	um terço wun.tai.l.su
妹衣乌/妹衣啊	乌恩 太了苏
2/3	3/4
dois terços dou.yi.sh tai.l.su.sh	três quartos t.lei.sh kua.l.tu.sh
豆一师 太了苏师	特累师 夸了凸师
1/5	2/5
um quinto wum.kyin.tu	dois quintos dou.yi.sh.kyin.tu.sh
乌恩 科因凸	豆一师 科因凸师

3/5	4/5
três quintos t.lei.sh.kyin.tu.sh	quatro quintos kua.t.lu.kyin.tu.sh
特累师 科因凸师	夸特噜 科因凸师

1岁	2岁
um ano wun.a.nu	dois anos dou.yi.sh.a.nu.sh
乌恩 啊奴	豆一师 阿奴师
3岁	4岁
três anos t.lei.sh.a.nu.sh	quatro anos kua.t.lu.a.nu.sh
特累师 啊奴师	夸特噜 啊奴师
5岁	6岁
cinco anos syin.ku.a.nu.sh	seis anos sai.yi.sh.a.nu.sh
斯因哭 啊奴师	赛一师 啊奴师
7岁	8岁
sete anos sei.te.a.nu.sh	oito anos ao.yi.tu.a.nu.sh
塞特 啊奴师	凹一凸 啊奴师
9岁	10岁
nove anos nao.ve.a.nu.sh	dez anos dai.sh.a.nu.sh
孬乌额 啊奴师	带师 啊奴师

第一部分 日常必需单词

20岁	100岁
vinte anos	cem anos
wyin.te.anu.sh	se.en.a.nu.sh
<u>乌因</u> 啊奴师	<u>瑟恩</u> 啊奴师

天数

1天	2天
um dia	dois dias
wun.di.a	dou.yi.sh.di.a.sh
<u>乌恩</u> 第啊	<u>豆一师</u> 第啊师
3天	4天
três dias	quatro dias
t.lei.sh.di.a.sh	kua.t.lu.di.a.sh
<u>特累师</u> 第啊师	<u>夸特噜</u> 第啊师
5天	6天
cinco dias	seis dias
syin.ku.di.a.sh	sai.yi.sh.di.a.sh
<u>斯因哭</u> 第啊师	<u>赛一师</u> 第啊师
7天	8天
sete dias	oito dias
sai.te.di.a.sh	ao.yi.tu.di.a.sh
<u>塞特</u> 第啊师	<u>凹一凸</u> 第啊师
9天	10天
nove dias	dez dias
nao.ve.di.a.sh	dai.sh.di.a.sh
<u>孬乌额</u> 第啊师	<u>带师</u> 第啊师

葡萄牙语翻开就说

11天	20天
onze dias	**vinte dias**
ong.ze.di.a.sh	wyin.te.di.a.sh
翁则 第啊师	乌因的 第啊师
31天	1个月
trinta e um dia	**um mês**
t.lin.ta.yi.wun.di.a	wun.mei.sh
特拎它 伊 乌恩 第啊	乌恩 妹师

365天
trezentos e sessenta e cinco dias
t.le.zan.tu.sh.yi.se.san.ta.yi.syin.ku.di.a.sh
特勒簪凸师 伊 瑟散它 伊 斯因哭 第啊师

1年
um ano
wun.a.nu
乌恩 啊奴

03 时间

1点	2点
é uma hora	**são duas horas**
ai.wu.ma.ao.la	sang.du.a.sh.ao.la.sh
爱 乌妈 凹拉	桑 杜阿师 凹拉师

第一部分 日常必需单词

3点	4点
são três horas sang.t.lei.sh ao.la.sh	são quatro horas sang.kua.t.lu ao.la.sh
桑 特累师 凹拉师	桑 夸特噜 凹拉师
5点	**6点**
são cinco horas sang.syin.ku. ao.la.sh	são seis horas sang.sai.yi.sh.ao.la.sh
桑 斯因哭 凹拉师	桑 赛一师 凹拉师
7点	**8点**
são sete horas sang.sai.te.ao.la.sh	são oito horas sang.ao.yi.tu.ao.la.sh
桑 塞特 凹拉师	桑 凹一凸 凹拉师
9点	**10点**
são nove horas sang.no.ve ao.la.sh	são dez horas sang.dai.sh.ao.la.sh
桑 喏乌额 凹拉师	桑 带师 凹拉师
11点	**12点**
são onze horas sang.ong.ze.ao.la.sh	são doze horas sang.do.ze.ao.la.sh
桑 翁则 凹拉师	桑 杜啊师 凹拉师
零点	**中午**
é zero hora ai.ze.lu ao.la	é meio-dia ai.mei.yi.wu di.a
爱 栽噜 凹拉	爱 妹衣乌 地啊
午夜	
é meia-noite ai.mei.yi.a nao.yi.de	
爱 妹衣啊 孬一的	

小时数

1小时	2小时
uma hora	**duas horas**
wu.ma.ao.la	du.a.zao.la.sh
乌妈 凹拉	杜阿糟拉师
3小时	4小时
três horas	**quatro horas**
t.lei.zao.la.sh	kua.t.lu.ao.la.sh
特累糟拉师	夸特噜 凹拉师
5小时	6小时
cinco horas	**seis horas**
syin.ku.ao.la.sh	sai.yi.zao.la.sh
斯因哭 凹拉师	赛一糟拉师
7小时	8小时
sete horas	**oito horas**
sai.te.ao.la.sh	ao.yi.tu.ao.la.sh
塞特 凹拉师	凹一凸 凹拉师
9小时	10小时
nove horas	**dez horas**
no.ve.ao.la.sh	dai.zao.la.sh
喏乌额 凹拉师	带糟拉师
几个小时	一个半小时
várias horas	**uma hora e meia**
wa.lia.zao.la.sh	wu.ma.ao.la.yi.mei.yi.a
袜俩糟拉师	乌妈 凹拉 伊 妹衣啊

第一部分 日常必需单词

 分钟

1分钟	2分钟
um minuto wun.mi.nu.tu 乌恩 咪奴凸	**dois minutos** dou.yi.sh.mi.nu.tu.sh 豆一师 咪奴凸师
3分钟	4分钟
três minutos t.lei.sh.mi.nu.tu.sh 特累师 咪奴凸师	**quatro minuto** kua.t.lu.mi.nu.tu.sh 夸特噜 咪奴凸师
5分钟	6分钟
cinco minutos syin.ku.mi.nu.tu.sh 斯因哭 咪奴凸师	**seis minutos** sai.yi.sh.mi.nu.tu.sh 赛一师 咪奴凸师
7分钟	8分钟
sete minutos sai.te.mi.nu.tu.sh 塞特 咪奴凸师	**oito minutos** ao.yi.tu.mi.nu.tu.sh 凹一凸 咪奴凸师
9分钟	10分钟
nove minutos nao.ve.mi.nu.tu.sh 孬乌额 咪奴凸师	**dez minutos** dai.sh.mi.nu.tu.sh 带师 咪奴凸师
11分钟	20分钟
onze minutos ong.ze.mi.nu.tu.sh 翁则 咪奴凸师	**doze minutos** dou.ze.mi.nu.tu.sh 兜则 咪奴凸师

30分钟	40分钟
trinta minutos t.lin.ta.mi.nu.tu.sh	**quarenta minutos** kua.lan.ta.mi.nu.tu.sh
特林它 咪奴凸师	夸蓝它 咪奴凸师
几分钟	
alguns minutos ao.gun.sh.mi.nu.tu.sh	
凹棍师 咪奴凸师	

1秒	2秒
um segundo wun.se.gun.du.sh	**dois segundos** dou.yi.sh.se.gun.du.sh
乌恩 瑟棍嘟	豆一师 瑟棍嘟师
3秒	4秒
três segundos t.lei.sh.se.gun.du.sh	**quatro segundos** kua.t.lu.se.gun.du.sh
特累师 瑟棍嘟师	夸特噜 瑟棍嘟师
5秒	6秒
cinco segundos syin.ku.se.gun.du.sh	**seis segundos** sai.yi.sh.se.gun.du.sh
斯因哭 瑟棍嘟师	赛一师 瑟棍嘟师
7秒	8秒
sete segundos sai.te.se.gun.du.sh	**oito segundos** ao.yi.tu.se.gun.du.sh
塞特 瑟棍嘟师	凹一凸 瑟棍嘟师

第一部分 日常必需单词

9秒	10秒
nove segundos nao.ve.se.gun.du.sh	dez segundos dai.sh.se.gun.du.sh
孬乌额 瑟棍嘟师	戴师 瑟棍嘟师
11秒	几秒钟
onze segundos ong.ze.se.gun.du.sh	alguns segundos ao.gun.sh.se.gun.du.sh
翁则 瑟棍嘟师	凹棍师 瑟棍嘟师

 时间点

1:50	02:01
é uma e cinquanta ai.wu.ma.yi.syin.kuan.ta	são duas e um sang.du.a.sh.yi.wun
爱 乌妈 一 斯因宽它	桑 杜啊师 一 乌
03:02	5:30
são três e dois sang.d.lei.sh.yi dou.yi.sh	são cinco e meia sang.syin.ku.yi. mei.yi.a
桑 的累师 一 豆一师	桑 斯因哭 一 妹一啊
6:15	7:20
são seis e quinze. sang.sei.yi.sh.yi.kyin.ze	são sete e vinte. sang.sei.te.yi.wyin.te
桑 塞一师 一 科因则	桑 塞特 一 乌因特
08:10	11:30
são oito e dez sang.ao.yi.tu yi dai.sh	são onze e meia sang.ong.ze yi mei.yi.a
桑 凹一凸 伊 带师	桑 翁则 一 妹一啊

葡萄牙语翻开就说

中午12:30
é meio-dia e meia (é meio-dia e trinta)
ai.mei.yi.wu di.a yi mei.yi.a (ai.mei.wu di.a yi d.lin.ta)
爱 妹衣 地啊 — 妹衣啊 (爱 妹衣 地啊 — 特拎它)
午夜0:30
é meia-noite e meia (é meia-noite e trinta)
ai.mei.yi.a nao.yi.de yi mei.yi.a (ai.mei.yi.a nao.yi.de yi d.lin.ta)
爱 妹衣乌 啊 孬一的 — 妹衣啊 (爱 妹衣乌 啊 孬一的 — 特拎它)

04 年、月、日

年份

今年	去年
este ano ei.sh.te.a.nu	último ano wu.ti.mu.a.nu
诶师的 啊奴	乌踢目 啊奴
明年	前年
próximo ano p.lao.syi.mu.a.nu	ano antes do último ano a.nu.an.te.sh.do.wu.ti.mu.a.nu
扑捞/斯一目 啊奴	啊奴 安的师 嘟 乌踢目 啊奴

第一部分 日常必需单词

1949年	1980年
mil novecentos e quarenta e nove mi.wu.nao.ve.san.tu.sh.yi.kua.lan.ta.yi.nao.ve	mil novecentos e oitenta mi.wu.nao.ve.san.tu.sh.yi.ao.yi.tan.ta
密乌 孬乌额三凸师 伊 夸蓝它 伊 孬乌额	密乌 孬 乌额三凸师 伊 凹一摊它
1993年	2000年
mil novecentos e noventa e três mi.wu.nao.ve.san.tu.sh.yi.no.wan.ta.yi.t.lei.sh	dois mil dou.yi.sh.mi.wu
密乌 孬乌额三凸师 伊 喏弯它 伊 特累师	豆一师 密乌
2012年	一年
dois mil e doze dou.yi.sh.mi.wu.yi.dou.ze	um ano wun.a.nu
豆一师 密乌 伊 兜则	乌恩 啊奴
十年	百年
dez anos dai.za.nu.sh	cem anos sen.en.a.nu.sh
带咂奴师	森恩 啊奴师
千年	哪年
mil anos mi.wu.a.nu.sh	algum ano ao.gun.a.nu
密乌 啊奴师	凹棍 啊奴

葡萄牙语翻开就说

几年	21世纪
vários anos wa.liu.za.nu.sh	**século vinte e um** sai.ku.lu.wyin.te.yi.wun
袜溜咂奴师	赛哭噜 乌因的 伊乌恩

 月份

1月	2月
janeiro zha.nei.yi.lu	**fevereiro** fe.ve.lei.yi.lu
扎内衣噜	夫额/乌额累衣噜
3月	4月
março ma.l.su	**abril** a.b.liu
骂了苏	啊不六
5月	6月
maio ma.yi.wu	**junho** zhu.niu
妈一乌	朱妞
7月	8月
julho zhu.liu	**agosto** a.gu.sh.tu
朱溜	啊古师凸

第一部分 日常必需单词

9月	10月
setembro se.tan.b.lu	**outubro** ou.tu.b.lu
瑟贪不噜	欧凸不噜
11月	12月
novembro no.wan.b.lu	**dezembro** de.zan.b.lu
喏弯不噜	的簪不噜
这个月	上个月
este mês ei.sh.te.mei.sh	**último mês** wu.ti.mu.mei.sh
诶师的 妹师	乌踢目 妹师
下个月	
próximo mês p.lao.syi.mu.mei.sh	
扑捞/斯一目 妹师	

 日期

1月1日	2月14日
um de janeiro wun.de.zha.nei.yi.lu	**catorze de fevereiro** ka.tou.l.ze.de.fe.ve.lei.yi.lu
乌恩 的 扎内一噜	咔透了则 的 夫额/乌额累一噜

葡萄牙语翻开就说

3月8日	4月5日
oito de março ao.yi.tu.de.ma.l.su	**cinco de abril** syin.ku.de.a.b.liu
凹一凸 的 妈了苏	斯因哭 的 啊不六
5月4日	6月1日
quatro de maio kua.t.lu.de.ma.yi.wu	**um de junho** wun.de.zhu.niu
夸特噜 的 妈一乌	乌恩的 朱妞
7月1日	8月15日
um de julho wun.de.zhu.liu	**quinze de agosto** kyin.ze.de.a.gu.sh.tu
乌恩 的 朱溜	科因则 的 啊古师凸
9月1日	10月1日
um de setembro wun.de se.tan.b.lu	**um de outubro** wun.de.ou.tu.b.lu
乌 的 瑟贪不噜	乌 的 欧凸不噜
11月11日	12月25日
onze de novembro ong.ze.de no.wan.b.lu	**vinte e cinco de dezembro** vyin.te.yi.syin.ku.de. de.zan.b.lu
翁则 的 喏弯不噜	乌因的 伊 斯因哭 的 的簪不噜

第一部分 日常必需单词

 星期

周日	周一
domingo	**segunda-feira**
du.ming.gu	se.gun.da fei.yi.la
嘟明咕	瑟棍嗒 飞衣啦
周二	周三
terça-feira	**quarta-feira**
tai.l.sa fei.yi.la	kua.l.ta fei.yi.la
太了撒 飞衣啦	夸了它 飞衣啦
周四	周五
quinta-feira	**sexta-feira**
kyin.ta fei.yi.la	sei.sh.ta fei.yi.la
科因他 飞衣啦	塞师它 飞衣啦
周六	周末
sábado	**fim-de-semana**
sa.ba.du	fyin de se.ma.na
萨吧嘟	夫印 的 瑟妈呐
本周	上周
esta semana	**última semana**
ai.sh.ta.se.ma.na	wu.ti.ma.se.ma.na
艾师它 瑟妈呐	乌踢吗 瑟妈呐
下周	周几
próxima semana	**que dia**
p.lao.syi.ma.se.ma.na	ke.di.a
扑捞/斯一妈 瑟妈呐	科 第啊

其他

早上/上午	中午	下午/傍晚
amanhã a.ma.ni.an	**meio-dia** mei.yi.wu.di.a	**tarde** ta.l.de
啊妈腻安	妹衣乌 第啊	他了的
晚上	黎明	黄昏
noite nao.yi.te	**madrugada** ma.d.lu.ga.da	**entardecer** en.ta.l.de.sai.l
孬一的	妈的噜嘎嗒	恩他了的赛了
半夜		
meia-noite mei.yi.a.nao.yi.te		
妹衣啊 孬一的		

05 节日、季节

葡萄牙国定假日

元旦（1.1）	狂欢节（2.28）
ano Novo anu no.wu	**carnaval** ca.l.na.wao
啊奴 喏乌	咔了呐袜哦

第一部分 日常必需单词

自由日 (4.25)	劳动节 (5.1)
dia da Liberdade di.a da li.be.l.da.de	**dia do Trabalhador** di.a du t.la.ba.lia.dou.l
第啊 嗒 哩波了嗒的	第啊 嘟 特拉吧俩豆了
国庆日 (6.10)	圣母升天节 (8.15)
dia de Portugal di.a de po.l.tu.gao	**assunção de Nossa Senhora** a.sun.sang de no.sa syi.niao.la
第啊 的 泼了凸告	啊孙桑 的 喏撒 斯一鸟啦
共和国日 (10.5)	诸圣节/又名追思节 (11.1)
implantação da República yin.p.lan.ta.sang da he.pu.b.li.ca	**todos os Santos** tou.du.sh wu.sh san.tu.sh
因扑拦它桑 嗒 呵仆不哩咔	透嘟师 乌师 三凸师
恢复独立纪念日 (12.1)	圣母无染原罪瞻礼 (12.8)
restauração da Independência he.sh.tao.la.sang da yin.de.pan.dan.syi.a	**nossa Senhora da Conceição** no.sa syi.niao.la da kong.sei.yi.sang
呵师涛啦桑 嗒 因的潘丹斯一啊	喏撒 斯一鸟啦 嗒 空塞衣桑

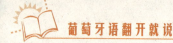

平安夜（12.24）	圣诞节（12.25）
véspera do Natal wai.sh.pe.la du na.tal	natal na.tal
歪师坡啦 嘟 呐套	呐套

 季节

春	夏	秋
primavera p.li.ma.wai.la	verão ve.lang	outono ou.tu.nu
扑哩妈歪啦	乌额浪	欧偷呦
冬	多雨的	潮湿的
inverno yin.wei.l.nu	chuvoso shu.wo.zu	húmido wu.mi.du
因威了呦	书沃租	乌咪嘟
炎热的	凉爽的	
quente kan.te	fresco f.lai.sh.ku	
刊的	夫来师哭	

 食品

 餐种

中餐	泰国菜
comida chinesa ku.mi.da.shyi.nai.za	comida tailandesa ku.mi.da.tai.lan.dai.za
哭密嗒 师一乃咂	哭密嗒 太拦呆咂

第一部分 日常必需单词

法国菜	早餐
comida francesa ku.mi.da.f.lan.sai.za	pequeno-almoço pe.kai.nu.ao.mou.su
哭密嗒 夫拦塞呃	坡开呶 凹谋苏
午餐	**下午茶**
almoço ao.mou.su	lanche lan.she
凹谋苏	拦蛇
晚餐	**自助餐**
jantar zhan.ta.l	bufete bu.fei.te
詹踏了	不费的
套餐	**冷盘**
menu me.nu	entrada en.t.la.da
么怒	恩特拉嗒
主菜	**甜点**
prato principal p.la.tu.p.lin.syi.pao	sobremesa sou.b.le.mai.za
扑拉凸 扑林/斯一泡	搜不勒麦呃

食品

米饭	豆饭	面
arroz a.hou.sh	feijoada fei.yi.zhu.a.da	macarrão ma.ka.hang
啊厚师	飞衣朱啊嗒	妈咔行

葡萄牙语翻开就说

面包	汉堡	蛋糕
pão pang	**hamburgo** han.bu.l.gu	**bolo** bo.lu
旁	汉不了咕	波噜
汤（较浓稠的液体）	浓汤（含更多固体）	肉
sopa sou.pa	**caldo** kao.du	**carne** ka.l.ne
搜啪	靠嘟	咔了呢
牛肉	羊肉	鸡肉
bife bi.fe	**carneiro** ka.l.nei.yi.lu	**frango** f.lan.gu
逼夫额	咔了内衣噜	夫蓝咕
猪肉	鱼	沙丁鱼
porco po.l.ku	**peixe** pei.yi.she	**sardinha** sa.l.di.ni.a
泼了哭	配衣蛇	撒了第尼啊
鳕鱼	三文鱼	牛排
bacalhau ba.ka.liao	**salmão** sao.mang	**bife** bi.fe
吧咔廖	骚忙	逼夫额
排骨	蟹	虾
costela ku.sh.tai.la	**caranquejo** ka.lan.kai.zhu	**camarão** ka.ma.lang
哭师太啦	咔拦开朱	咔妈浪

第一部分 日常必需单词

龙虾	奶酪	奶油
lagosta	**quejo**	**creme**
la.gu.sh.ta	kai.zhu	k.lai.me
啦古师它	开朱	科来么
美式三明治	火鸡	火腿
americano	**peru**	**presunto**
a.me.li.ka.nu	pe.lu	p.le.zun.tu
啊么哩卡呦	坡路	扑勒尊凸
香肠	冰激凌	沙拉
chouriço	**gelado**	**salada**
shou.li.su	zhe.la.du	sa.la.da
受利苏	遮辣嘟	撒辣嗒
鸡蛋	巧克力	
ovo	**chocolate**	
ao.wu	shu.ku.la.te	
凹乌	书哭辣的	

 饮料

啤酒	散装啤酒	牛奶
cerveja	**chope**	**leite**
se.l.wai.zha	shao.pe	lei.yi.te
瑟了歪扎	烧坡	累衣的
酸奶	茶	酒精
iogurte	**chá**	**álcool**
yo.gu.l.te	sha	ao.ku.o
哟古了的	煞	凹哭哦

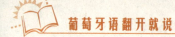

葡萄牙语翻开就说

葡萄酒	豆奶	可乐
vinho wyi.niu	**leite de soja** lei.yi.te.de.sou.zha	**cola** kou.la
乌一妞	累一的 的 搜扎	抠啦
咖啡	小杯浓缩咖啡	黑咖啡
café ka.fei	**bica** bi.ca	**bica dupla** bi.ca.du.p.la
咔费	逼咔	逼咔 杜扑拉
大杯加奶咖啡（咖啡牛奶1:3）	掺奶咖啡（咖啡加少许牛奶泡沫）	瓷杯装加奶咖啡（咖啡牛奶1:1）
galoto ga.lao.tu	**galão** ga.lao	**meia-de-leite** mei.yi.a.de.lei.yi.te
嘎捞凸	嘎烙	妹一啊的 累一的

橙汁
sumo de laranja su.mu.de.la.lan.zha
素目 的 啦拦扎

蔬菜	白菜	芹菜
legume le.gu.me	**couve** kou.ve	**aipo** a.yi.pu
勒古么	靠乌额	阿一扑

第一部分 日常必需单词

西兰花	地瓜	土豆
brócolo b.lao.ku.lu.	batata doce ba.ta.ta.dou.se	batata ba.ta.ta
不捞哭噜	吧他它 兜瑟	吧他它
番茄	胡萝卜	蒜
tomate tu.ma.te	cenoura se.no.la	alho a.liu
凸骂的	瑟诺啦	啊溜
洋葱	木耳	蘑菇
cebola se.bo.la	agárico a.ga.li.ku	cogumelo ku.gu.mai.lu
色博啦	啊尬哩哭	哭咕麦噜
卷心菜	荷兰芹	茄子
repolho he.po.liu	salsa sao.sa	bringela b.lin.zhai.la
呵破溜	骚撒	不林摘啦
黄瓜	生菜	青椒
pepino pe.pi.nu	alface al.fa.se	pimento pi.man.tu
坡皮奴	凹发瑟	批曼凸
菠菜	冬瓜	
espinafre yi.sh.pi.na.f.le	cabaça branca ka.ba.sa.b.lan.ka	
伊师批那夫勒	咔罢撒 不拦咔	

水果	苹果	梨
fruta f.lu.ta 夫路它	**maçã** ma.san 妈散	**pêra** pei.la 配啦
桃	樱桃	葡萄
pêssego pei.se.gu 配瑟咕	**cereja** se.lai.zha 瑟来扎	**uva** wu.wa 乌哇
菠萝	香蕉	草莓
abacaxi a.ba.ka.xi 啊吧咔系	**banana** ba.na.na 吧那呐	**morango** mu.lan.gu 目蓝咕
李子	西瓜	橙子
ameixa a.mei.yi.sha 啊妹衣沙	**melancia** me.lan.syi.a 么拦斯亿啊	**laranja** la.lan.zha 啦拦扎
芒果	柠檬	黑莓
mango man.gu 曼谷	**limão** li.mang 哩忙	**amora** a.mou.la 啊某啦
蓝莓		
mirtilo mi.l.ti.lu 咪了替噜		

第一部分 日常必需单词

调味料	油	盐
condimento	**óleo**	**sal**
kong.di.man.tu	ao.liu	sao
空滴曼凸	奥溜	臊
醋	糖	薄荷
vinagre	**açúcar**	**hortelã**
wyi.na.g.le	a.su.ka.l	ao.l.te.lang
乌一那哥勒	啊素卡了	凹了特浪
黄油	胡椒	芥末
manteiga	**pimenta**	**mostarda**
man.tei.yi.ga	pi.man.ta	mu.sh.ta.l.da
曼忒衣嘎	批曼它	目师它了嗒
橄榄	芝士	罗勒
azeitona	**queijo**	**manjerico**
a.zai.yi.tuo.na	kai.yi.zhu	man.zhe.li.ku
啊栽一妥呐	开一朱	曼遮利哭

餐具	刀	叉
talheres	**faca**	**garfo**
ta.lie.le.sh	fa.ka	ga.l.fu
它列勒师	发咔	嘎了夫

筷子	碗	茶杯
pauzinhos pao.zyi.niu	**tigela** ti.zhai.la	**xícara** shyi.ka.la
泡滋一妞	踢宅啦	师伊咔啦
玻璃杯	餐巾	托盘
copo kao.pu	**guardanapo** gua.l.da.na.pu	**bandeja** nan.dai.zha
靠扑	瓜了嗒那扑	班带扎
勺子	盘子	牙签
coelho ku.ai.liu	**prato** p.la.tu	**palito** pa.li.tu
哭爱溜	扑辣凸	啪利凸

07 颜色

白色	黑色
branco/branca b.lan.ku b.lan.ca	**preto/preta** p.lai.tu p.lai.ta
不拦哭/不拦咔	扑来凸/扑来它
灰色	黄色
cinzento **cinzenta** syin.zan.tu syin.zan.ta	**amarelo** **amarela** a.ma.lai.lu a.ma.lai.la
斯因簪凸/ 斯因簪它	啊妈来噜 啊妈来啦

第一部分 日常必需单词

红色	粉红色
vermelho/vermelha ve.l.mei.liu ve.l.mei.lia	**cor de rosa** kao.l.de.hou.za
乌额了妹溜 乌额了妹哩啊	靠了 的 厚咂
蓝色	绿色
azul a.zu.wu	**verde** wei.l.de
啊组乌	威了的
棕色	紫色
marrom ma.hou.mu	**roxo/roxa** hou.shu/hou.sha
妈厚木	厚书/厚沙
橙色	鲜艳的，多彩的
laranja la.lan.zha	**colorida** ku.lu.li.da
拉拦扎	哭噜哩嗒

08 交通工具

火车	汽车	飞机
comboio kong.bao.yi.wu	**carro** ka.hu	**avião** a.wyi.ang
空包一乌	卡呼	啊乌一昂

葡萄牙语翻开就说

地铁	公共汽车	出租车
mêtro mei.t.lo	**autocarro** ao.tu.ka.hu	**táxi** ta.k.syi
妹特咯	凹凸卡呼	他科西
无轨电车	摩托车	自行车
trolleybus t.lao.li.ba.si	**moto** mou.tou	**bicicleta** bi.syi.k.lai.ta
特捞哩罢斯	牟偷	逼斯一/科来它
拖拉机	卡车	电车
tractor t.la.k.tou.l	**camião** ka.mi.ang	**elétrico** yi.lai.t.li.ku
特拉科透了	咔咪昂	伊来特哩哭
车站	机场	船
estação yi.sh.ta.sao	**aeroporto** a.yi.lu.po.l.tu	**barco** ba.l.ku
伊师它臊	阿一噜泼了凸	巴了哭
轮船		
transatlântico t.lan.sa.t.lan.ti.ku		
特蓝撒特蓝踢哭		

第二部分

日常生活用语

葡萄牙语翻开就说

01 打招呼

☺ **Olá!** 你好!
ou.la
欧辣!

☺ **Bom dia.** 早上好!
bong.di.a
崩 第啊。

☺ **Boa tarde!** 下午好!
bo.a.ta.l.de
波啊 他了的!

☺ **Boa noite!** 晚上好/晚安!
bo.a.nao.yi.te
波啊 孬一的!

☺ **Adeus!**
再见!(很久后再见)
a.dei.wu.shi
啊嘚乌师!

☺ **Tchau!**
再见!(好友间的告别)
chao
抄!

第二部分 日常生活用语

☺ **Até a próxima vez!** 　　　下次见！

a.dei.a.p.lao.syi.ma wei.sh

啊嘚 啊 扑捞/斯一妈 胃师！

☺ **Até já!** 　　　一会儿见！

a.dei.zha

啊嘚 炸！

☺ **Até logo!** 　　　一会儿见！

a.dei.lo.gu

啊嘚 咯咕！

☺ **Até amanhã!** 　　　明天见！

a.dei.a.ma.ni.an

啊嘚 啊妈腻安。

会话一

🧑 **Está bem?**

身体好吗？

yi.sh.ta.bai.en

伊师踏 拜恩？

👩 **Sim, estou muito bem. E você?**

是的，我很好。你呢？

syin.yi.sh.tou.mu.yi.tu.bai.en.yi.vou.sei

斯印，伊师透 目一凸 拜恩，伊乌沤塞？

Estou bem.

我也很好。

yi.sh.tou.bai.en

伊师透 拜恩。

Bom dia, parece muito bem!

早上好！您看起来精神不错啊！

bong.di.a.pa.lai.se.mu.yi.tu.bai.en

崩 第啊，啪来瑟 目一凸 拜恩!

Sim, tenho sempre fazido exercícios recentemente.

是啊，我最近可经常运动呢。

syin.tai.niu.sen.p.le.fa.zyi.du.yi.zer.l.syi.xiu.sh.he.sen.te.man.te

斯印！太妞 森扑了 发滋一嘟 伊泽了斯一羞师 呵森特曼的!

Então faz sentido.

难怪呢。（附和语）

yin.tang.fa.sh.sen.ti.du

音唐 法师 森踢嘟。

第二部分 日常生活用语

Olá!
你好!
ou.la
欧辣!

Olá, para onde vais?
你好,去哪儿呀?
ou.la.pa.la.ong.de.wai.yi.sh
欧辣,啪啦 翁的 外一师?

Vou fazer exercícios.
去锻炼身体。
vou.fa.zai.l.yi.ze.l.syi.siu.sh
乌沤 发在了 伊则了斯一羞师。

Que saudável! Então até logo.
真健康啊!那待会儿见。
ke.sao.da.wei.wu.yin.tang.a.dei.lao.gu
科 骚大威乌!音唐 啊嘚 捞咕。

Tá bem. Até logo!
好,再见!
ta.bai.en.a.dei.lao.gu
踏 拜恩。啊嘚 捞咕。

第一次见面

☺ **Muito prazer conhecê-lo!**
很高兴认识你!(对方为男性)
mu.yi.tu.p.la.zei.l.ku.nie.sei.lu
目一凸 扑拉在了 哭捏塞噜!

☺ **Muito prazer conhecê-la!**
很高兴认识你!(对方为女性)
mu.yi.tu.p.la.zei.l.ku.nie.sei.la
目一凸 扑拉在了 哭捏塞啦!

☺ **Este é o Professor Pablo.**
这位是帕布洛老师。
ei.sh.te.ai.wu.p.lu.fe.sou.l.pa.b.lu
诶师的 爱 乌 扑噜夫叟了 啪不噜。

☺ **Aquele é o Director Pereira.**
那位是佩雷拉部长。
a.kai.le.ai.wu.di.lei.tou.l.pe.lei.la
啊开啦 爱 乌 滴嘞透了 坡雷啦。

Muito prazer conhecê-lo!
很高兴认识你!

第二部分 日常生活用语

mu.yi.tu.p.la.zei.l.ku.nie.sei.lu

目一凸 扑拉在了 哭捏塞噜!

Sou a Ana.

我是安娜。

sou.a.a.na

搜 啊 啊娜。

Muito prazer conhecê-la!

很高兴认识你!

mu.yi.tu.p.la.zei.l.ku.nie.sei.la

目一凸 扑拉在了 哭捏塞啦!

Sou o Pablo.

我是帕布洛。

sou.wu.pa.b.lu

搜 乌 啪不噜。

会话二

介绍者: **Director Pereira, este é o professor Pablo.**

佩雷拉部长,这位是帕布洛老师。

di.lei.tou.l.pe.lei.la.ei.sh.te.ai.wu.p.lu.fe.sou.l.pa.b.lu

滴嘞透了 坡雷啦,诶师的 爱 乌 扑噜夫叟了 啪不噜。

Professor Pablo, este é Director Pereira.

帕布洛老师,这位是佩雷拉部长。

p.lu.fe.sou.l.pa.b.lu.ei.sh.te.ai.di.lei.tou.l.pe.lei.la

扑噜夫叟了 啪<u>不</u>噜,诶师的 爱 滴嘞透了 坡雷啦。

Pablo:Muito prazer conhecê-lo!

很高兴认识你!

mu.yi.tu.p.la.zei.l.ku.nie.sei.lu

目一凸 <u>扑拉</u>在了 哭捏塞噜。

Pereira:O prazer é meu.

我也很高兴认识你。

wu.p.la.zai.l.ai.mei.wu

乌 <u>扑拉</u>在了 爱 妹乌。

自我介绍

☺ **Vou me apresentar.**

我做一下自我介绍。

vou.me.a.p.le.zan.ta.l

<u>乌沤</u> 么 啊扑勒簪踏了。

☺ **Chamo-me ****

我叫**。

sha.mu.me **

沙目么 **。

第二部分 日常生活用语

☺ **Sou chinês/chinesa.** 我是中国人。

sou.shyi.nai.shshyi.nai.za

搜 师伊 奈师 师伊奈啊。

☺ **Nasci na Província de Liaoning.**

我出生在辽宁省。

na.sh.syi.na.p.lu.wyin.syi.a.de.liao.ning

呐师斯亿 呐 扑噜/乌因/斯一啊 的 辽宁。

☺ **Atualmente vivo em Pequim.**

现在住在北京。

a.tu.ao.men.te.wyi.wu.en.pe.kyin

啊凸凹闷的 乌一乌 恩 坡科印。

☺ **Há cinco pessoas na minha família.**

家里有五口人。

a.syin.ku.pe.sou.a.sh.na.mi.ni.a.fa.mi.li.a

啊 斯因哭 坡嗷啊师 呐 咪尼啊 发密哩啊。

☺ **Trabalho numa compania.**

现在在一家公司上班。

t.la.ba.liu.nu.ma.kong.pa.ni.a

特拉巴溜 奴妈 空啪腻啊。

☺ **Gosto de ouvir música e ler livros.**

喜欢听音乐和看书。

gu.sh.tu.de.ou.wyi.l.mu.zyi.ka.yi.lei.l.li.v.lu.sh

古师凸 的 欧乌亿了 木滋一咔 伊 累了 利乌噜师。

葡萄牙语翻开就说

 会话一

Chamo-me Dora.
我叫多拉。
sha.mu.me.dao.la
沙目么 刀拉。

Pode chamar-me Vânia.
叫我范尼亚吧。
po.de.sha.ma.l.me.wa.ni.a
波的 沙骂了么 袜尼啊。

 会话二

（对话双方都为女性）

É japonesa?
你是日本人吗？
ai.zha.pu.nai.za
爱 扎扑奈咂？

Não, sou chinesa. E você?
不，我是中国人。你呢？
nang.sou.shyi.nai.za.yi.vou.sei
囊，搜 师一奈咂。伊 乌欧塞？

第二部分 日常生活用语

Sou portuguesa, chamo-me Sónia.
我是葡萄牙人，我叫索尼娅。
sou.po.l.tu.gai.za.sha.mu.me.sao.ni.a
搜 泼了凸该咂，沙目么 骚尼啊。

Chamo-me Dora, vive em Pequim agora?
我叫多拉，你现在住在北京吗？
sha.mu.me.dao.la.wyi.ve.en.pe.kyin.a.gao.la
沙目么 刀拉，乌一/乌额 恩 坡科印 啊 高啦？

Sim, trabalho em Pequim atualmente.
是的，现在在北京工作。
syin.t.la.ba.liu.en.pe.kyin.a.tu.ao.men.te
斯印，特拉巴溜 恩 坡科印 啊凸凹闷的。

Eu também, onde é a sua terranatal?
我也是。你老家在哪儿？
ei.wu.tan.ban.en.ong.de.ai.a.su.a.tai.ha.na.tao
诶乌 摊半恩，翁 的 爱 啊 素啊 太哈呐套？

É Lisboa. É de Pequim?
里斯本。你是北京人吗？
ai.li.sh.bo.a.ai.de.pe.kyin
爱 哩师博啊。爱 的 坡科印？

Não, sou da Província de Liaoning.
不，我是辽宁人。
nang.sou.da.p.lu.wyin.syi.a.de.liao.ning
囊，搜 嗒 扑噜/乌因/斯一啊 的 辽宁。

O que é o seu hobby?

你的兴趣爱好是什么？

wu.ke.ai.wu.sei.wu.hao.bi

乌 科 爱 乌 塞 乌 浩 逼？

Gosto de ler caricatura e ver animação.

我喜欢看漫画和动漫。

Gao.sh.tu.de.lei.l.ka.li.ka.tu.la.yi.wei.l.a.ni.ma.sang

高师凸 的 累了 咔哩咔图啦 伊 胃了 啊 尼妈桑。

到别人家拜访

☺ **Poderia visitar a tua casa?**

我能去贵府拜访吗？（对较为亲近的人）

pu.de.li.a.wyi.zyi.ta.l.a.tu.a.ka.za

扑的利啊 乌一/滋一踏了 啊 吐啊 咔咂？

☺ **Quero convidá-lo para o meu aniversário.**

我想邀请你来参加我的生日宴会。（邀请对象为男性）

kai.lu.kong.wyi.da.lu.pa.la.wu.mei.wu.a.ni.ve.l.sa.liu

开噜 空乌一大噜 啪啦 乌 妹乌 啊尼乌额了 萨溜。

☺ **Quero convidá-la para o meu aniversário.**

我想邀请你来参加我的生日宴会。（邀请对象为女性）

kai.lu.kong.wyi.da.la.pa.la.wu.mei.wu.a.ni.ve.l.sa.liu

开噜 空乌一大啦 啪啦 乌 妹乌 啊尼乌额了 萨溜。

☺ Desculpe?

有人在吗？（敲门时说）

de.sh.ku.pe

的师哭泼？

☺ Com licença.

打扰了。（进门时说）

cong.li.san.sa

空 哩散撒。

☺ Entre, por favor.

请进。（一般的说法）

yin.t.le.po.l.fa.wo.l

音特勒，泼了 发沃了。

☺ Entra.

请进。（较亲近的说法）

yin.t.la

音特拉。

☺ Quer algum vinho?

要喝葡萄酒吗？

kai.l.ao.gun.wyi.niu

慨了 凹棍 乌一妞？

葡萄牙语翻开就说

☺ **Por favor, obrigado.**

好的,谢谢。(自己为男性)

po.l.fa.wo.l.o.b.li.ga.du

泼了 发沃了,哦不哩嘎嘟。

Por favor, obrigada.

好的,谢谢。(自己为女性)

po.l.fa.wo.l.o.b.li.ga.da

泼了 发沃了,哦不哩嘎嗒。

☺ **Devo sair.**

我该走了。

dai.wu.sa.yi.l

呆乌 撒亿了。

☺ **Até amanhã.**

明天见。

a.dei.a.ma.ni.an

啊嘚 啊妈腻安。

会话一

 Estou, este é o Rui.

喂,我是鲁伊。

yi.sh.tou.ei.sh.te.ai.wu.hu.yi

伊师透,诶师的 爱 乌 互伊。

 Oi Rui, é a Dora. Posso visitar a tua casa amanhã?

鲁伊,我是多拉。明天我去你家玩儿可以吗?

第二部分 日常生活用语

o.yi.hu.yi. ai.a.dao.la.po.su.wyi.zyi.ta.l.a.tu.a.ka.za.a.ma.ni.a

哦一 互一，爱 啊 刀拉。波苏 乌一/滋一 踏了 啊 吐啊 咔呃 啊妈腻啊？

Com certeza, a qualquer hora.
当然可以。什么时候都行。

kong.se.l.tai.za.a.kua.wu.kai.l.ao.la

空 瑟了太呃，啊 跨乌慨了 凹拉。

Então vou às dez horas da manhã.
那我上午十点左右过去。

yin.tang.vou.a.sh.dai.sh.ao.sh.da.ma.ni.an

音唐 乌汭 啊师 带师 凹拉师 嗒 妈腻安。

Não há problema. Então até amanhã.
好的。那明天见。

nang.a.p.lu.b.lai.ma.yin.tang.a.dei.a.ma.ni.a

囊 啊 扑噜/不来妈。音唐 啊嘚 啊妈腻啊。

Tchau.
再见。

chao

抄。

Está alguém em casa?
有人在吗？

葡萄牙语翻开就说

yi.sh.ta.ao.gen.en.ka.za
伊师踏 凹亘 恩 咔咂？

🧑 **Estou, quem é?**
有，是哪位？

yi.sh.tou.ken.ai
伊师透，<u>科摁</u> 爱？

🧑 **Sou a Dora.**
我是多拉。

sou.a.dao.la
搜 啊 刀拉。

🧑 **Oi Dora, entra.**
啊，多拉，快请进。

o.yi.dao.la.yin.t.la.
哦一 刀拉，音<u>特</u>拉。

🧑 **Com licença.**
打扰了。（进门时说）

cong.li.san.sa
空 哩散撒。

🧑 **Senta-te, quer algun vinho?**
请坐，要来点儿红酒吗？

san.ta.te.kai.l.ao.gun.wyi.niu
散它的，慨了 凹棍 <u>乌一妞</u>？

🧑 **Obrigada!**
谢谢！

> o.b.li.ga.da
> 哦不哩嘎嗒。

到别人公司

☺ **Bom dia.**

欢迎光临。

bong.di.a

崩 第啊。

☺ **Tenho marcado uma entrevista com o seu Director.**

我约了你们主任见面。

tai.niu.ma.l.ka.duwu.ma.yin.t.le.wyi.sh.ta.kong.wu.sei.wu.di.lei.tou.l

太妞 妈了咔嘟 乌妈 音特勒/乌一师它 空 乌塞乌 滴嘞透了。

☺ **Desculpe ter-se feito esperar.**

抱歉让您久等了。

de.sh.ku.pe.tai.l.se.feiyi.tu.yi.sh.pe.la.l

的师哭坡 泰了瑟 飞衣凸 伊师坡辣了。

☺ **Siga-me, por favor.**

请跟我来。

syi.ga.me.po.l.fa.wo.l

斯一嘎么，泼了 发沃了。

☺ **Muitas recomendações para o Senhor Pereira.**

请代我向佩雷拉先生问好。

mu.yi.ta.sh.he.ku.men.da.song.yi.sh.pa.la.wu.syi.niao.l.pe.lei.la

目一它师 呵哭闷嗒送一师 啪啦 乌 斯一尿了 坡累啦。

Bom dia.

欢迎光临。

bong.di.a

崩 第啊。

Tenho marcado uma entrevista com o seu Director.

我约了你们主任见面。

tai.niu.ma.l.ka.du.wu.ma.yin.t.le.wyi.sh.ta.kong.wu.sei.wu.di.lei.tou.l

太妞 妈了咔嘟 乌妈 音特勒/乌一师它 空 乌 塞乌 滴嘞透了。

Um momento, por favor.

请稍等一下。

wun.mu.men.tu.po.l.fa.wo.l

乌恩 目闷凸,泼了 发沃了。

第二部分 日常生活用语

> **Desculpe ter-se feito esperar, siga-me, por favor.**
>
> 抱歉让您久等了，请跟我来。
>
> de.sh.ku.pe.tai.l.se.feiyi.tu.yi.sh.pe.la.l.syi.ga.me.po.l.fa.wo.l
>
> 的师哭坡 泰了瑟 飞一凸 伊师坡辣了，斯一嘎么，泼了 发沃了。

02 告别语

☺ **Até amanhã!**

明天见！

a.dei.a.ma.ni.an

啊嘚 啊妈腻安！

☺ **Até logo!**

待会儿见！

a.dei.lao.gu

啊嘚 捞咕！

☺ **Tchau-tchau!**

拜拜！（年轻人多用）

chao.chao

抄抄！

葡萄牙语翻开就说

☺ **Adeus.**
再见。
a.dei.wu.sh
啊嘚乌师。

☺ **Até já.**
待会儿见。
a.dei.zha
啊嘚 炸。

☺ **Até a próxima semana.**
下周见。
a.dei.a.p.lao.syi.ma.se.ma.na
啊嘚 啊 扑捞/斯一妈 瑟妈呐。

☺ **Até a próxima vez.**
再会。
a.dei.a.p.lao.syi.ma.wei.sh
啊嘚 啊 扑捞/斯一妈 胃师。

会话

🔴 **Vou sair. Adeus!**
我走了。再见!
vou.sa.yi.l.a.dei.wu.sh
乌沤 撒亿了,啊嘚乌师!

🔴 **Tchau-tchau!**
拜拜!
chao.chao
抄抄!

第二部分 日常生活用语

结束拜访

☺ **Devo sair.**

我该走了。

dai.wu.sa.yi.l

呆乌 撒亿了。

☺ **Já te divertiste?**

玩得开心了吗?

zha.te.di.wai.l.ti.sh.te

炸 的 滴外了踢师的?

☺ **Obrigado pela hospitalidade.**

谢谢款待(自己为男性)。

o.b.li.ga.du.pai.la.o.sh.pi.ta.li.da.de

哦不哩嘎嘟 拍啦 哦师批它哩大的。

☺ **Obrigada pela hospitalidade.**

谢谢款待(自己为女性)。

o.b.li.ga.da.pai.la.o.sh.pi.ta.li.da.de

哦不哩嘎嗒 拍啦 哦师批它哩大的。

Devo sair.

我该走了。

dai.wu.sa.yi.l

呆乌 撒亿了。

🔸 **Já te divertiste?**

玩得开心吗？

zha.te.di.wai.l.ti.sh.te

炸 的 滴外了踢师的？

🔸 **Sim, gostei muito desta festa.**

是的，我很喜欢这次聚会。

syin.gu.sh.tei.yi.mu.yi.tu.dai.sh.ta.fei.sh.ta

斯印，咕师忒衣 目一凸 呆师它 飞师它。

🔸 **Muito bem. Vem à próxima vez.**

太棒了。希望你下次也来。

mu.yi.tu.bai.en.wen.en.a.p.lao.syi.ma.wei.sh

目一凸 拜恩。问恩 啊 扑捞/斯一妈 胃师。

🔸 **Tá bem, então até amanhã.**

好的，明天见。

ta.bai.en.yin.tang.a.dei.a.ma.ni.a

踏 拜恩，音唐 啊嘚 啊妈腻啊。

约定下次再相见

☺ **Vamos nos encontrarmos à próxima vez.**

下次再见面吧。

wa.mu.sh.nu.zen.kong.t.la.l.mu.sh.a.p.lao.syi

ma.wei.sh

哇目师 奴怎空特辣了目师 啊 扑捞/斯一妈 胃师。

☺ **Á próxima vez? Quando é que você tem tempo?**

下次？你什么时候有时间？

a.p.lao.syi.ma.wei.sh.kuan.du.ai.ke.vou.sei.tan.yi.tan.pu

啊 扑捞/斯一妈 胃师？宽嘟 爱 科 乌沤塞 摊一 摊扑？

☺ **Quando é que tem tempo?**

你什么时候有空？

kuan.du.ai.ke.tan.yi.tan.pu

宽嘟 爱 科 摊一 摊扑？

☺ **Tem tempo hoje à noite?**

你今晚有时间吗？

tan.yi.tan.pu.o.zhe.a.nao.yi.te

摊一 摊扑 哦遮 啊 孬一的？

☺ **Tem tempo neste sábado?**

你这个星期六有空吗？

tan.yi.tan.pu.nei.sh.te.sa.ba.du

摊一 摊扑 内师的 萨吧嘟。

☺ **Tenho tempo amanhã.**

我明天有空。

葡萄牙语翻开就说

tai.niu.tan.pu.a.ma.ni.an

太妞 摊扑 啊妈腻安。

☺ **Tenho tempo no dia depois de amanhã.**
我后天有空。

tai.niu.tan.pu.nu.di.a.de.po.yi.sh.de.a.ma.ni.an

太妞 摊扑 哝 第啊 的破一师 的 啊妈腻安。

☺ **Então vamos nos encontrar.**
那到时候再见。

yin.tang.wa.mu.sh.nu.zen.kong.t.la.l

音唐 袜目师 奴怎空特辣了。

☺ **Está combinado.**
就这么定了。

yi.sh.ta.kong.bi.na.du

伊师踏 空逼那嘟。

会话

Quando tem tempo?
你什么时候有时间?

kuan.du.tan.yi.tan.pu

宽嘟 摊一 摊扑?

Vamos nos encontrar outra vez.
我们再见次面吧。

第二部分 日常生活用语

wa.mu.sh.nu.zen.kong.t.la.l.ou.t.la.wei.sh

袜目师 奴怎空特辣了 欧特拉 胃师。

Qualquer tempo fica-me bem.
嗯，我什么时候都行。

kua.wu.kai.l.tan.pu.fyi.ka.me.bai.en

夸乌慨了 摊扑 夫一咔么 拜恩。

Sim? Eu tenho tempo no dia depois de amanhã.
是吗？后天我有空。

syin.ei.wu.tai.niu.tan.pu.nu.di.a.de.po.yi.sh.de.a.ma.ni.an

斯印？诶乌 太妞 摊扑 呶 第啊 的破一师 的 阿妈腻安。

Dia depois de amanhã? Tá combinado.
后天吗？就这么定了。

di.a.de.po.yi.sh.de.a.ma.ni.an.? ta.kong.bi.na.du

第啊 的破一师 的 啊妈腻安？ 踏 空逼那嘟。

Sim. Até àquele dia.
嗯。那天见。

syin.a.dei.a.kai.le.di.a

斯印。啊嘚 啊开勒 第啊。

Tchau.
拜拜。

chao

吵。

探访完病人时

☺ **Se cuide.**
保重身体。
se.ku.yi.de
瑟 库伊的。

☺ **Te cuida.**
保重身体。
te.ku.yi.da
的 库伊嗒。

☺ **Se recupere pronto.**
早日康复。
se.he.ku.pei.le.p.long.tu
瑟 呵哭配勒 扑龙凸。

☺ **É um presente pequeninho.**
这是一点儿小礼物。
ai.wun.p.le.zen.te.pe.ke.ni.niu
爱 乌恩 扑勒怎的 坡科尼妞。

☺ **Tenha cuidado de si.**
要保重自己啊。
tai.ni.a.ku.yi.da.du.de.syi
太尼啊 哭伊大嘟 的 斯亿。

☺ **Vou se visitar à próxima vez.**
我下次再来探望您。
vou.se.wyi.zyi.ta.l.a.p.lao.syi.ma.wei.sh
乌沤 瑟 乌一/滋一踏了 啊 扑捞/斯一妈 胃师。

第二部分 日常生活用语

Como está, Dora?
多拉，身体怎么样了？
kong.mu.yi.sh.ta.dao.la
空目 伊师踏，刀啦。

Fico muito melhor, Vânia.
我好多了，万尼亚。
fyi.ku.mu.yi.tu.me.liao.l.wa.mi.a
夫一哭 目一凸 么廖了，袜尼啊。

Que bom. Este é um presente pequenino para você.
太好了。这是给你的一点儿小礼物。
ke.bong.ei.sh.te.ai.wun.p.le.zen.te.pe.ke.ni.nu.pa.la.vou.sei
科 蹦。诶师的 爱 乌恩 扑勒怎的 坡科尼努 啪啦 乌沤塞。

Obrigada.
谢谢。
o.b.li.ga.da
哦不哩嘎嗒。

De nada. Tenho um assunto já.
不用谢。我还有事。

de.na.da.tai.niu.wun.a.sun.tu.zha

的 那嗒。太妞 乌恩 啊孙凸 炸。

Vou se visitar à próxima vez.

下次再来看你。

vou.se.wyi.zyi.ta.l.a.p.lao.syi.ma.wei.sh

乌沤 瑟 乌一/滋一踏了 啊 扑捞/斯一妈 胃师。

要分离很久时

☺ **Adeus.**

再见。

a.dei.wu.sh

啊嘚乌师。

☺ **Vim para se despedir.**

我是来和你告别的。

wyin.pa.la.se.de.sh.pe.di.l

乌印 啪啦 瑟 的师坡第了。

☺ **Se cuide.**

请珍重。

se.ku.yi.de

瑟 库伊的。

☺ **Tenha cuidado de si próprio.**

请保重自己。（对方为男性）

第二部分 日常生活用语

tai.ni.a.ku.yi.da.du.de.syi.p.lao.p.li.wu

太尼啊 哭伊大嘟 的 斯亿 扑捞/扑哩乌。

☺ **Tenha cuidado de si própria.**

请多保重。（对方为女性）

tai.ni.a.ku.yi.da.du.de.syi.p.lao.p.lia

太尼啊 哭伊大嘟 的 斯亿 扑捞/扑俩。

☺ **Boa viagem.**

祝您一路平安。

bo.a.wyi.a.zhen

博啊 乌一啊真。

会话

🧑 **Vou voltar para o meu país.**

我要回国了。

vou.vou.ta.l.pa.la.wu.mei.wu.pa.yi.sh

乌沤 乌沤踏了 啪啦 乌 妹乌 啪亿师。

Vim hoje para se despedir.

今天是前来告别的。

wyin.o.zhe.pa.la.se.de.sh.pe.di.l

乌印 哦遮 啪啦 瑟 的 师泼第了。

👩 **Assim. Que pena que você volta tão cedo.**

是吗？真遗憾你这么早就回去了。

a.syin.ke.pai.na.ke.vou.sei.vou.ta.tang.sai.du
啊斯印。科 拍呐 科 乌欧塞 乌欧它 唐塞嘟。

🧑 **Sim sim.**
是啊。

syin.syin
斯印 斯印。

🧑 **Se cuide de si.**
珍重。

se.ku.yi.de.de.syi
瑟 库一的 的 斯亿。

🧑 **Obrigado! Adeus.**
谢谢！再见了。

o.b.li.ga.du.a.dei.wu.sh
哦不哩嘎嘟！啊嘚乌师。

🧑 **Adeus.**
再见。

a.dei.wu.sh
啊嘚乌师。

03 祝贺语

☺ **Parabéns!**
祝贺！

pa.la.ban.yi.sh

啪啦半一师!

☺ **Os meus parabéns!**

祝贺你!

wu.sh.mei.wu.sh.pa.la.ban.yi.sh

乌师 妹乌师 啪啦半一师!

☺ **Parabéns para a sua admissão na escola.**

祝贺你入学。

pa.la.ban.yi.sh.pa.la.a.su.a.a.d.mi.sang.na.yi.sh.kao.la

啪啦半一师 啪啦 啊 素啊 啊的咪桑 呐 伊师 靠啦。

☺ **Parabéns para a muda de casa.**

祝贺你乔迁新禧。

pa.la.ban.yi.sh.pa.la.a.mu.da.de.ka.za

啪啦半一师 啪啦 啊 目塔 的 咔嚓。

☺ **Bom aniversário!**

祝你生日快乐!

bong.a.ni.ve.l.sa.liu

蹦 啊尼乌额了萨溜!

☺ **Boa festa!**

祝你假日愉快!

bo.a.fei.sh.ta

博啊 飞师它!

☺ **Bom negócio!**

祝生意兴隆！

bong.ne.gao.syi.wu

蹦 呢高斯一乌！

☺ **Parabéns para o nascido.**

祝贺您喜得贵子。

pa.la.ban.yi.sh.pa.la.wu.na.sh.syi.du

啪啦半一师 啪啦 乌 呐师斯伊嘟。

☺ **Parabéns para a sua promoção.**

祝贺你升职。

pa.la.ban.yi.sh.pa.la.a.su.a.p.lu.mu.sang

啪啦半一师 啪啦 啊 素啊 扑噜目桑。

☺ **Parabéns para o seu sucesso.**

祝贺你的成功。

pa.la.ban.yi.sh.pa.la.wu.sei.wu.su.sai.su

啪啦半一师 啪啦 乌 塞乌 苏赛苏。

☺ **Parabéns para o casamento.**

祝贺你新婚大喜。

pa.la.ban.yi.sh.pa.la.wu.ka.za.men.tu

啪啦半一师 啪啦 乌 咔喠闷凸。

第二部分 日常生活用语

Bom aniversário.
祝你生日快乐。
bong.a.ni.ve.l.sa.liu
蹦 啊尼乌额了萨溜。

Obrigado.
谢谢。
o.b.li.ga.du
哦不哩嘎嘟。

节日祝贺语

☺ **Bom Dia de ano novo.**
元旦快乐。
bong.di.a.de.a.nu.nao.wu
蹦 第啊 的 啊奴 孬乌。

☺ **Bom ano novo.**
新年快乐。
bong.a.nu.nao.wu
蹦 啊奴 孬乌。

☺ **Feliz natal.**
圣诞快乐。
fe.li.sh.na.tao
夫额丽师 呐套。

☺ **Bom feriado.**
节日快乐。
bong.fe.li.a.du
蹦 夫额哩啊嘟。

Bom ano novo!
新年快乐！
bong.a.nu.nao.wu
蹦 啊奴 孬乌！

Feliz ano novo!
新年快乐！
fe.li.sh.a.nu.nao.wu
夫额丽师 啊奴 孬乌！

04 感谢·道歉

☺ **Obrigado!**
谢谢！（男子用语）
o.b.li.ga.du
哦不哩嘎嘟！

☺ **Obrigada!**
谢谢！（女子用语）
o.b.li.ga.da
哦不哩嘎嗒！

第二部分 日常生活用语

☺ **Realmente muito obrigado.**
真的万分感谢。（男子用语）
hyi.ao.men.te.mu.yi.tu.o.b.li.ga.du
呵一凹闷的 目一凸 哦不哩嘎嘟。

☺ **Realmente muito obrigada.**
真的万分感谢。（女子用语）
hyi.ao.men.te.mu.yi.tu.o.b.li.ga.da
呵一凹闷的 目一凸 哦不哩嘎嗒。

☺ **De nada.**
不用谢。
de.na.da
的 那嗒。

🧒 **É um presente para o seu aniversário.**
这是送你的生日礼物。
ai.wun.p.le.zen.te.pa.la.wu.sei.wu.a.ni.ve.l.sa.liu
爱 乌恩 扑勒怎的 啪啦 乌 塞乌 啊尼乌 额了萨溜。

🧒 **Obrigado.**
谢谢。
o.b.li.ga.du
哦不哩嘎嘟。

葡萄牙语翻开就说

> **De nada.**
> 不用谢。
> de.na.da
> 的 那嗒。

接受别人帮助时

☺ **Muito obrigado.**

十分感谢。（男性用语）

mu.yi.tu.o.b.li.ga.du

目一凸 哦<u>不</u>哩嘎嘟。

☺ **Muito obrigada.**

十分感谢。（女性用语）

mu.yi.tu.o.b.li.ga.da

目一凸 哦<u>不</u>哩嘎嗒。

☺ **Você me ajudou muito.**

您帮了我大忙了。

vou.sei.me.a.zhu.dou.mu.yi.tu

<u>乌沤</u>塞 么 啊朱逗 目一凸。

> **Você me ajudou muito, obrigada.**
> 得救了，谢谢。

第二部分 日常生活用语

vou.sei.me.a.zhu.dou.mu.yi.tu
乌沤塞 么 啊朱逗 目一凸,哦不哩嘎嗒。

😊 **De nada.**
不用谢。
de.na.da
的那嗒。

道歉与回应

😊 **Peço desculpa.**
很抱歉。(很正式的道歉)
pai.su.de.sh.ku.pa
拍苏 的师哭啪。

😊 **Desculpe.**
对不起。(对不太亲近或尊敬的人说)
de.sh.ku.pe
的师哭坡。

😊 **Desculpa.**
对不起。(对较亲近的人说)
de.sh.ku.pa
的师哭啪。

😊 **Sinto muito.**
我很抱歉/我很遗憾。

syin.tu.mu.yi.tu
斯因凸 目一凸。

☺ **Não faz mal.**

没关系。
nang.fa.sh.mao
囊 发师 帽。

☺ **Não se preocupe.**

别放在心上。（对不太亲近或尊敬的人说）
nang.se.p.liu.ku.pe
囊 瑟 扑溜哭坡。

☺ **Não se preocupa.**

别放在心上。（对较亲近的人说）
nang.se.p.liu.ku.pa
囊 瑟 扑溜哭啪。

会话一

Desculpe pelo meu atraso.

对不起，我迟到了。

de.sh.ku.pe.pai.lul.mei.wu.a.t.la.zu
的师哭坡 拍噜 妹乌 啊特辣租。

Não faz mal.

没关系。
nang.fa.sh.mao
囊 发师 帽。

第二部分 日常生活用语

Desculpe, tudo bem?
不好意思,没事吧?

de.sh.ku.pe.tu.du.bai.en
的师哭坡,凸嘟 拜恩?

Tudo bem, não se preocupe.
没事儿,别放在心上。

tu.du.bai.en.nang.se.p.liu.ku.pe
凸嘟 拜恩,囊 瑟 扑溜哭坡。

让别人久等时

☺ **Tenho-se feito esperar.**
让您久等了。

tai.niu.se.fei.yi.tu.yi.sh.pe.la.l
太妞瑟 飞一凸 伊师坡辣了。

☺ **Desculpe ter-se feito esperar.**
对不起,让您久等了。

de.sh.ku.pe.tai.l.se.fei.yi.tu.yi.sh.pe.la.l
的师哭坡 太了瑟 飞一凸 伊师坡辣了。

Desculpe ter-se feito esperar.
对不起,让您久等了。

de.sh.ku.pe.tai.l.se.fei.yi.tu.yi.sh.pe.la.l

的师哭坡 太了瑟 飞飞一凸 伊师坡辣了。

🙍 **Não faz mal, vamos.**

没关系，走吧。

nang.fa.sh.mao.wa.mu.sh

囊 发师 帽，袜目师。

🌿 麻烦别人

☺ **Pode me ajudar?**

您能帮帮我吗？

po.de.me.a.zhu.da.l

波的 么 啊朱大了

☺ **Pode contar comigo sobre***?**

您能告诉我有关***的事情吗？

po.de.kong.ta.l.ku.mi.gu.sou.b.le.***

泼的 空踏了 哭密咕 搜不勒 ***?

☺ **Pode passar-me ***?**

能把***递给我一下吗？

po.de.pa.sa.l.me.***

泼的 啪萨了么 ***?

第二部分 日常生活用语

☺ **Pode levar-me para um passeio?**

能请您带我四处转转吗?

po.de.le.wa.l.me.pa.la.wun.pa.sei.yo

波的 勒袜了么 啪啦 乌恩 啪塞哟?

☺ **Podia ligar a luz?**

您能开下电灯吗?

pu.di.a.li.ga.l.a.lu.sh

扑第啊 哩尬了 啊 路师?

☺ **Obrigado pela sua ajuda.**

感谢您的帮助。(男性用语)

o.b.li.ga.du.pai.la.su.a.a.zhu.da

哦不哩嘎嘟 拍啦 素啊 啊朱嗒。

☺ **Obrigada pela sua ajuda.**

感谢您的帮助。(女性用语)

o.b.li.ga.da.pai.la.su.a.a.zhu.da

哦不哩嘎嗒 拍啦 素啊 啊朱嗒。

● **Bom dia, pode me ensinar como se usa esta máquina?**

你好,能教我这个机器的使用方法吗?

bong.di.a.po.de.me.yin.syi.na.l.kong.mu.se.

葡萄牙语翻开就说

wu.za.ai.sh.ta.ma.kyi.na

蹦 第啊，波的 么 音斯一那了 空目 瑟 乌哑 艾师它 骂科一呐？

🗨 **Claro, não há problema.**

当然，没问题。

k.la.lu.nang.a.p.lu.b.lai.ma

科辣噜，囊 啊 扑噜/不来妈。

🗨 **Muito obrigado.**

非常感谢。

mu.yi.tu.o.b.li.ga.du

目一凸 哦不哩嘎嘟。

请别人等候时

☺ **Um minuto.**

稍等下。

wun.mi.nu.tu

乌恩 咪怒凸。

☺ **Um minuto, por favor.**

请稍等。

wun.mi.nu.tu.po.l.fa.wo.l

乌恩 咪怒凸，波了 发沃了。

☺ **Um minutinho.**

就等一下下。（朋友之间或是较为随意的场合）

wun.mi.nu.ti.niu
乌恩 咪怒踢妞。

☺ **Pera aí.**

等等。

pai.la.a.yi
拍啦 啊意。

☺ **Espere um minuto, por favor.**

请您稍等。

yi.sh.pei.le.wun.mi.nu.tu.po.l.fa.wo.l
伊师呸勒 乌恩 咪怒凸，泼了 发沃了。

Dora, vamos!

多拉，我们走吧！

dao.la.wa.mu.sh
刀拉，袜目师！

Um minutinho.

稍微等下我。

wun.mi.nu.ti.niu
乌恩 咪怒踢妞。

Uma cerveja, por favor.

请来瓶啤酒。

wu.ma.se.l.wai.zha.po.l.fa.wo.l

乌妈 瑟了外扎，泼了 发沃了。

☺ **Tá bom, um minuto, por favor.**

知道了，请稍等。

ta.bong.wun.mi.nu.tu.po.l.fa.wo.l

踏 蹦，乌恩 咪怒凸，泼了 发沃了。

请求对方允许

☺ **Posso?**

我可以***吗？（适用于多种场景，征求别人允许，或询问自己可不可以做某件事）

po.su

泼苏？

☺ **Posso fazer uma pergunta?**

我可以提一个问题吗？

po.su.fa.zai.l.wu.ma.pei.l.gun.ta

泼苏 发在了 乌妈 呸了棍它？

☺ **Posso propor uma ideia?**

我可以说一个主意吗？

po.su.p.lu.po.l.wu.ma.yi.dei.yi.a

泼苏 扑噜破了 乌妈 伊嘚一啊？

☺ **Permitam-me a me apresentar.**

请允许我进行自我介绍。

pei.l.mi.tang.me.a.me.a.p.le.zan.ta.l
呸了密唐么 啊 么 啊<u>扑勒簪踏</u>了。

- **Posso fazer uma proposta?**
  我能提个建议吗?
  po.su.fa.zai.l.wu.ma.p.lu.po.sh.ta
  波苏 发在了 乌妈 <u>扑噜</u>波师它。
- **Claro, vai.**
  当然了,说吧。
  k.la.lu.wai.yi
  <u>科辣噜</u>,外一。

06 答复

014

☺ **Sim.**
好的。
syin
<u>斯印</u>。

☺ **Claro.**
当然。
k.la.lu
<u>科辣噜</u>。

☺ **Tá bom.**
好啊。
ta.bong
踏 蹦。

☺ **Não há problema.**
没问题。
nang.a.p.lu.b.lai.ma
囊 啊 扑噜/不来妈。

☺ **Sem problema.**
没问题。
sen.en.p.lu.b.lai.ma
森恩 扑噜/不来妈。

☺ **Concordo.**
赞成。
kong.kao.l.du
空靠了嘟。

☺ **Boa ideia.**
好主意。
bo.a.yi.dei.yi.a
博啊 伊嘚一啊。

☺ **Vamos.**
走吧。
wa.mu.sh
袜目师。

☺ **Está fechado!**
就这么定了！
yi.sh.ta.fe.sha.du
伊师踏 夫额煞嘟！

第二部分 日常生活用语

☺ **Está combinado!**

就这么定了!

yi.sh.ta.kong.bi.na.du

伊师踏 空逼那嘟。

Oi Dora, Vamos fazer compras amanhã à tarde!

多拉,明天一起去购物吧!

o.yi.dao.la.wa.mu.sh.fa.zai.l.kong.p.la.sh.a.ma.ni.an.a.ta.de

哦一 刀拉,袜目师 发在了 空扑啦师 啊妈腻安 啊 他了的!

Tá bom!

好啊!

ta.bong

踏 蹦。

Aqui é a Grande Muralha! Que maravilhosa!

这就是万里长城吧!壮观!

a.kyi.ai.a.g.lan.de.nu.la.lia.ke.ma.la.vi.liao.za

啊科亿 爱 啊 哥拦的 目拉俩!科 妈拉乌 一廖喳!

Claro.
当然了。
k.la.lu
科辣噜。

Vamos a um pique-nique!
我们去野炊吧！
wa.mu.sh.a.wun.pi.ke.ni.ke
袜目师 啊 乌恩 屁科尼科！

Boa ideia!
好主意！
bo.a.yi.dei.yi.a
博啊 伊嘚一啊！

☺ **Não.**
不。
nang
囊。

☺ **Não é isso.**
不是这样的。
nang.ai.yi.su
囊 爱 伊苏。

第二部分 日常生活用语

☺ **É um pouco ***.**

有点儿……

ai.wun.po.ku

爱 乌恩 泼哭……

☺ **Que pena.**

很遗憾。

ke.pai.na

科 拍呐。

☺ **Contra.**

反对。(一般用于会议表决)

kong.t.la

空特啦。

☺ **Não é certo.**

不对。

nang.ai.sai.l.tu

囊 爱 塞了凸。

🧑 **Como você acha desta roupa?**

这件衣服怎么样?

kong.mu.vou.sei.a.sha.dai.sh.ta.hou.pa

空目 乌欧塞 啊沙 带师它 厚啪?

É um pouco....
有点儿……
ai.wun.po.ku
爱 乌恩 泼哭……

É japonesa?
你是日本人吗?
ai.zha.pu.nai.za
爱 扎扑奈喳?

Não, não sou.
不,不是的。
nang.nang.sou
囔,囔 嗽。

Sou chinesa.
我是中国人。
sou.shyi.nai.za
搜 师一奈喳。

07 语言不通

听不懂葡语时

☺ **Não entendo.**
不明白。
nang.yin.tan.du
囔 音摊嘟。

第二部分 日常生活用语

☺ **O que significa?**

什么意思?

wu.ke.syi.g.ni.fyi.ka

乌 科 斯一哥尼夫一咔?

☺ **Pode repetir?**

可以再说一遍吗?

po.he.pe.ti.l

波 的 呵坡替了?

☺ **Não compreendo nada.**

完全不懂。

nang.kong.p.li.en.du.na.da

囊 空 扑哩摁嘟 那嗒。

🧑 **É proibído entrar aqui.**

这里禁止进入。

ai.p.lu.yi.bi.du.yin.t.la.l.a.kyi

爱 扑噜伊逼嘟 音特辣了 啊科亿。

👩 **Não entendo.**

不懂……

nang.yin.tan.du

囊 音摊嘟……

Não pode entrar.
就是"别进来"的意思。

nang.po.de.yin.t.la.l

囊 泼的 音特辣了。

Ah, tá bom.
啊，好吧。

a.ta.bong

啊，踏 蹦。

Bom dia, é proibido fumar cá.
你好，这里禁烟。

bong.di.a.ai.p.lu.yi.bi.du.fu.ma.l.ka

蹦 第啊，爱 扑噜伊逼嘟 夫骂了 卡。

Desculpe, pode repetir?
对不起，能再说一遍吗？

de.sh.ku.pe.po.de.he.pe.ti.l

的师哭坡，泼的 呵坡替了？

Não fume, por favor.
请不要抽烟。

nang.fu.me.po.l.fa.wo.l

囊 夫么，泼了 发沃了。

第二部分 日常生活用语

Tá bem, desculpe.

啊，对不起。

ta.bai.en.de.sh.ku.pe

踏 拜恩，的师哭坡。

告诉对方自己不会葡语

☺ **Não sei português.**

我不会葡语。

nang.sei.po.l.tu.gei.sh

囊 塞 泼了凸给师。

☺ **Não sei falar português.**

我不会说葡语。

nang.sei.fa.la.l.po.l.tu.gei.sh

囊 塞 发辣了 泼了凸给师。

☺ **Não sei como falar em português.**

不能用葡语聊天。

nang.sei.kong.mu.fa.la.l.en.po.l.tu.gei.sh

囊 塞 空目 发辣了 恩 泼了凸给师。

会话

Sabe português?

会说葡语吗？

sa.be.po.l.tu.gei.sh

萨波 泼了凸给师？

🙍 **Desculpe, não sei**

对不起，我不会葡语。

de.sh.ku.pe.nang.sei

的师哭坡，囊 塞。

08 邀请·婉拒

☺ **Vamos ao baile!**

去参加舞会吧！

wa.mu.sh.ao.bei.le

袜目师 凹 贝勒！

☺ **Vai ao baile?**

去参加舞会吗？

wai.yi.ao.bei.le

外一 凹 贝勒？

☺ **Não vai ao baile?**

不去舞会吗？

nang.wai.yi.ao.bei.le

囊 外一 凹 贝勒？

☺ **Consegue assistir na reunião?**

您能参加会议吗？

第二部分 日常生活用语

kong.sai.ge.a.syi.shi.ti.l.na.he.wu.ni.ang

空赛哥 啊斯一师替了 呐 呵乌尼昂？

☺ **Não consegue assistir na reunião?**

您不能参加会议吗？

nang.kong.sai.ge.a.syi.sh.ti.l.na.he.wu.ni.ang

囊 空赛哥 啊斯一师替了 呐 呵乌尼昂？

☺ **Posso convidá-lo para a palestra?**

能请您出席讲座吗？（对方为男性）

po.su.kong.wyi.da.lu.pa.la.a.pa.lai.sh.t.la

波苏 空乌一大噜 啪啦 啊 啪来师特啦？

☺ **Posso convidá-la para a palestra?**

能请您出席讲座吗？（对方为女性）

po.su.kong.wyi.da.la.pa.la.a.paa.lai.sh.t.la

波苏 空乌一大啦 啪啦 啊 啪来师特啦？

☺ **Não consegue assistir a palestra?**

您不能参加讲座吗？

nang.kong.sai.ge.a.syi.sh.ti.l.a.pa.lai.sh.t.la

囊 空赛哥 啊斯一师替了 啊 啪来师特啦？

☺ **O data não me fica bem.**

时间不合适。

wu.da.ta.nang.me.fyi.ka.bai.en

乌 大它 囊 么 夫一咔 拜恩。

☺ **Estou ocupado naquele dia.**

我那天没空。

yi.sh.tou.o.ku.pa.du.na.kai.le.di.a

伊师透 哦哭怕嘟 呐开勒 第啊。

☺ **Que pena.**

真遗憾。

ke.pai.na

科 拍呐。

☺ **Não tenho tempo.**

没有时间呢。

nang.tai.niu.tan.pu

囊 太妞 摊扑。

☺ **Informe-me à proxima vez.**

下次一定告诉我。

yin.fo.l.me.me.a.p.lao.syi.ma.wei.sh

因佛了么么 啊 扑捞/斯一妈 胃师。

☺ **Vou se tiver tempo.**

有时间的话一定去。

vou.se.ti.wei.l.tan.pu

乌沤 瑟 踢胃了 摊扑。

☺ **É difícil decidir.**

这很难决定。

ai.di.fyi.siu.de.syi.di.l

爱 滴夫一羞 的斯一第了。

 会话

Professor Pereira, se tiver tempo, Pode assistir a cerimónia da publicação?

佩雷拉教授，如果合适的话，您能出席这次的发表会吗？

p.lu.fe.sou.l.pe.lei.la.se.ti.wei.l.tan.pu.po.de.a.syi.sh.ti.l.a.se.li.mo.ni.a.da.p.bu.li.ka.sang

扑噜/夫额嗽了 坡累啦，瑟 踢胃了 摊扑，波的 啊斯一师替了 啊 瑟哩莫尼啊 嗒 扑不哩咔桑？

Isso, é um pouco difícil.

这个啊，有点儿为难啊。

yi.su.ai.wun.po.ku.di.fyi.siu

伊苏，爱 乌恩 泼哭 滴夫一羞。

Estou ocupado naquele dia.

我那天有事。

yi.sh.tou.o.ku.pa.du.na.kai.le.di.a

伊师透 哦哭怕嘟 呐开勒 第啊。

Assim, que pena.

是吗？太遗憾了。

a.syin.ke.pai.na

啊斯印，科 拍呐。

Desculpe.
对不起了。
de.sh.ku.pe
的师哭坡。

Informe-me à proxima vez.
下次，一定告诉我。
yin.fo.l.me.me.a.p.lao.syi.ma.wei.sh
因佛了么么 啊 扑捞/斯一妈 胃师。

09 询问

017

询问语言

☺ **Sabe português?**
你会葡语吗？
sa.be.po.l.tu.gei.sh
萨波 泼了凸给师？

☺ **Chinês é difícil?**
汉语难吗？
shyi.nei.sh.ai.di.fyi.siu
师一内师 爱 滴夫一羞？

☺ **Não sabe inglês?**
你不会说英语吗？
nang.sa.be.ying.g.lei.sh
囊 撒波 英哥累师？

第二部分 日常生活用语

☺ **Sabe espanhól?**

西班牙语呢?

sa.be.yi.sh.pa.niao

撒波 伊师啪尿?

Dora, que língua estrangeira você sabe?

多拉,你会什么外语?

dao.la.ke.ling.gua.yi.sh.t.lan.zheiyi.la.vou.sei.sa.be

刀拉,科 另瓜 伊师特拦/这诶衣啦 乌欧 塞 撒波?

Sei português e inglês.

我会葡语和英语。

sei.po.l.tu.gei.sh.yi.ying.g.lei.sh

塞 泼了凸给师 伊 英哥累师。

E um pouco de francês.

还会点儿法语。

yi.wun.po.ku.de.f.lan.sei.sh

伊 乌恩 泼哭 的 夫拦塞师。

Qual língua você sabe melhor?

最拿手的是什么?

kua.wu.ling.gua.vou.sei.sa.be.me.liao.l

跨乌 另瓜 乌沤塞 撒波 么廖了?

> **É inglês, claro.**
> 当然还是英语。
> ai.ying.g.lei.sh.k.la.lu
> 爱 英哥累师，科辣噜。

询问地点

☺ **Onde é o hospital?**
医院在哪儿？
ong.de.ai.a.o.sh.pi.tao
翁的 爱 啊 哦师批套？

☺ **Onde é a escola?**
学校在哪儿？
ong.de.ai.a.yi.sh.kao.la
翁的 爱 啊 伊师靠啦？

☺ **Onde estou?**
我这是在哪儿？
ong.de.yi.sh.tou
翁的 伊师透？

☺ **Onde é o museu?**
博物馆在哪儿？
ong.de.ai.wu.mu.zai.wu
翁的 爱 乌 目在乌？

第二部分 日常生活用语

☺ **Em qual direcção você fica?**

你现在在哪个方位？

en.kua.wu.di.lei.sang.vou.sei.fyi.ka

恩 跨乌 滴嘞桑 乌欧塞 夫一咔？

☺ **Onde é o banheiro?**

厕所在哪儿？

ong.de.ai.wu.ba.nie.yi.lu

翁 的 爱 乌 吧捏衣噜？

☺ **Onde tem supermercado?**

哪儿有超市？

ong.de.tan.yi.su.pei.l.meig.le.ka.du

翁的 摊一 苏呸了妹了卡嘟？

会话

 Onde estamos?

我们这是在哪儿？

ong.de.yi.sh.ta.mu.sh

翁的 伊师踏目师？

 Estamos no centro da cidade de Xian.

这是西安市中心。

yi.sh.ta.mu.sh.nu.cen.t.lu.da.syi.da.de.de.xi.an

伊师踏目师 奴 森特噜 嗒 斯一大的 的 西安。

Onde é a terracotta?

兵马俑在哪儿？

ong.de.ai.a.tai.ha.kao.ta

翁的 爱 啊 太哈靠它?

Fica no leste da cidade

在东边。

fyi.ka.nu.lei.sh.te.da.syi.da.de

夫一咔 奴 累师的 嗒 斯一大的。

Onde fica a torre de TV?

电视塔在哪边？

ong.de.fyi.ka.a.tao.he.de.tei.wei

翁的 夫一咔 啊 涛呵 的 忒胃？

No sul da cidade.

在南边。

nu.su.wu.da.syi.da.de

奴 素乌 嗒 斯一大的。

Onde é o governo municipal?

市政府在哪儿？

ong.de.ai.wu.gu.wai.l.nu.mu.ni.syi.pao

翁的 爱 乌 咕外了唆 目尼斯一泡？

No norte.

在北边。

nu.nao.l.te

奴 孬了的。

第二部分 日常生活用语

询问人

☺ **Quem é aquela pessoa?**
那个人是谁?
ken.ai.a.kai.la.pe.sou.a
肯 爱 啊开啦 坡嗷啊?

☺ **Quem é o Senhor Pereira?**
佩雷拉教授是哪位?
ken.ai.wu.syi.niao.l.pe.lei.la
肯 爱 乌 斯一尿了 坡累啦?

☺ **Com licença, quem é o Presidente?**
请问校长是哪位?
kong.li.san.sa.ken.ai.wu.p.le.zyi.den.te
空 哩散撒, 肯 爱 乌 扑勒/滋一等的?

☺ **Quem é?**
谁啊?
ken.ai
肯 爱?

会话

🙂 **Com licença, quem é Rui Pereira?**
请问,鲁伊·佩雷拉是哪位?
kong.li.san.sa.ken.ai.hu.yi.pe.lei.la
空 哩散撒, 肯 爱 户一 坡累啦?

Sou eu.
是我。
sou.ei.wu
搜 诶乌。

Há uma carta para você.
您的信。
a.wu.ma.ka.l.ta.pa.la.vou.sei
啊 乌妈 卡了它 啪啦 乌沤塞。

Obrigado.
谢谢。
o.b.li.ga.du
哦不哩嘎嘟。

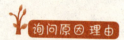

☺ **Porquê?**
为什么？
po.l.kei
泼了客诶？

☺ **Como assim?**
怎么这样？
kong.mu.a.syin
空目 啊斯印？

☺ **Como?**
怎么做？
kong.mu
空目？

第二部分 日常生活用语

☺ **O qeu aconteceu?**

发生了什么？

wu.ke.a.kong.te.sei.wu

乌 科 啊空特赛乌？

☺ **Aconteceu alguma coisa?**

发生了什么事吗？

a.kong.te.sei.wu.ao.gu.ma.kao.yi.za

啊空特赛乌 凹故妈 靠一咂？

🗣 **Desculpe, professor.**

老师，对不起。

de.sh.ku.pe.p.lu.fe.sou.l

的师哭坡，扑噜/夫额嗽了。

🗣 **Porque é que chegou tarde?**

为什么迟到了？

po.l.ke.ai.ke.she.gou.ta.l.de

泼了科 爱 科 蛇够 他了的？

🗣 **Aconteceu um accidente.**

遇到了事故所以迟到了。

a.kong.te.sei.wu.wun.a.syi.den.te

啊空特赛乌 乌恩 啊斯一等的。

Tá bom, sente aí.
好了，快坐下。
ta.bong.sen.te.a.yi
踏蹦，森特 啊意。

会话二

O que aconteceu?
怎么了？
wu.ke.a.kong.te.sai.wu
乌 科 啊空特赛乌？

Não parece muito bom disposto.
看你好像心情不好的样子。
nang.pa.lei.se.mu.yi.tu.bong.di.sh.po.sh.tu
囊 啪累瑟 目一凸 蹦 滴师破师凸。

Nada, aconteceu alguma coisa desagradável.
没事，就是发生了点让人不愉快的事。
na.da.a.kong.te.sai.wu.ao.gu.ma.kao.yi.za.de.za.g.la.da.wei.wu
呐嗒，啊空特赛乌 凹故妈 靠一咂 的咂哥拉大威乌。

Não se preocupe.
别担心。
nang.se.p.liu.ku.pe
囊 瑟 扑溜哭坡。

第三部分

情景应急口语

01 出入境时

☺ **Posso ver o seu passaporte, por favor?**

我能看一下您的护照吗?

po.su.wei.l.wu.sei.wu.pa.sa.po.l.te.po.l.fa.wo.l

泼苏 胃了 乌 塞乌 啪撒泼了的,泼了 发沃了?

☺ **Mostre-me o seu passaporte, por favor.**

请给我看一下护照。

mo.sh.t.le.me.wu.sei.wu.pa.sa.po.l.te.po.l.fa.wo.l

莫师特勒么 乌 塞乌 啪撒泼了的,泼了 发沃了。

☺ **Mostre-me o seu visto, por favor.**

请出示签证。

mo.sh.t.le.me.wu.sei.wu.wyi.sh.tu.po.l.fa.wo.l

莫师特勒么 乌 塞乌 乌一师凸,泼了 发沃了。

☺ **Aqui está o meu passaporte.**

这是我的护照,给。

a.kyi.yi.sh.ta.wu.mei.wu.pa.sa.po.l.te

啊科亿 伊师踏 乌 妹乌 啪撒泼了的。

☺ **Preenche o cartão de desembarque, por favor.**

请填写入境卡。

p.li.en.sh.wu.ka.l.tang.de.de.zen.ba.l.ke.po.l.fa.wo.l

扑哩恩蛇 乌 咔了唐 的 的怎罢了科，泼了 发沃了。

☺ **Mostre-me o seu cartão de desembarque, por favor.**

请出示入境卡。

mo.sh.t.le.me.wu.sei.wu. ka.l.tang.de.de.zen.ba.l.ke.po.l.fa.wo.l

莫师特勒么 乌 塞乌 咔了唐 的 的怎罢了科，泼了 发沃了。

☺ **Por aqui, por favor.**

这边请。

po.l.a.kyi.po.l.fa.wo.l

破了 啊科亿，泼了 发沃了。

会话

O seu passaporte, por favor.

请出示您的护照。

o.sei.wu.pa.sa.po.l.te.po.l.fa.wo.l

乌 塞乌 啪撒泼了的，泼了 发沃了。

Aqui está.

这是我的护照，给。

a.kyi.yi.sh.ta

葡萄牙语翻开就说

啊<u>科</u>亿，伊师踏。

🧑 **E o seu cartão de desembarque.**

请出示入境卡。

yi.wu.sei.wu.ka.l.tang.de.de.zen.ba.l.ke

伊 乌 塞乌 咔了唐 的 的 怎罢了科。

👧 **Sim, aqui.**

好的，请看。

syin.a.kyi

<u>斯</u>印，啊<u>科</u>亿。

🧑 **Okay, por aqui, por favor. O Próximo.**

好的，这边请。下一位。

o.kei.po.l.a.kyi.po.l.fa.wo.l.wu.p.lao.syi.mu

哦<u>客</u>诶，泼了 啊<u>科</u>亿，泼了 发沃了。乌<u>扑捞</u>/<u>斯一</u>目。

海关检查

☺ **Onde é a alfândega?**

海关在哪儿？

ong.de.ai.a.ao.fan.de.ga

翁的 爱 啊 凹泛的嘎？

☺ **Tem algo a declarar?**

有申报的东西吗？

第三部分 情景应急口语

tan.en.ao.gu.a.de.k.la.la.l

摊恩 凹咕 啊 的科拉辣了?

☺ **É tudo pessoal.**

只有私人物品。

ai.tu.du.pe.su.ao

爱 吐嘟 坡苏奥。

☺ **Ponha a sua mala aqui, por favor.**

请将行李放在这儿。

po.ni.a.a.su.a.ma.la.a.kyi.po.l.fa.wo.l

破尼啊 啊 素啊 骂啦 啊科亿,泼了 发沃了。

☺ **Abre a mala, por favor.**

请将这个行李箱打开。

a.b.le.a.ma.la.po.l.fa.wo.l

啊不勒 啊 骂啦,泼了 发沃了。

☺ **Já excedeu os limites da isenção fiscal.**

已超过免税范围。

zha.yi.sh.se.dei.wu.wu.sh.li.mi.te.sh.da.yi.sen.sang.fyi.sh.kao

炸 伊师瑟嘚乌 乌师 哩密特师 嗒 伊森桑 夫 二师靠。

☺ **Tem de pagar taxas por estes itens.**

必须要缴纳税金。

tan.en.de.pa.ga.l.ta.sha.sh.po.l.ei.sh.te.sh.yi.den.sh

摊恩 的 啪尬了 踏沙师 破了 诶师的师 伊等师。

😊 Quantos são?

要交多少？

kuan.tu.sh.sang

宽凸师 桑？

😊 Onde pago a taxa?

在哪儿缴税？

ong.de.pa.gu.a.ta.sha

翁的 怕咕 啊 踏沙？

😊 Tem outros procedimentos?

还有其余的手续吗？

tan.en.o.t.lu.sh.p.lu.se.di.men.tu.sh

摊恩 哦特噜师 扑噜瑟滴网凸师？

😊 Não, é tudo.

手续到此结束了。

nang.ai.tu.du

囊，爱 吐嘟。

🧑 Tenho um certificado de isenção.

我有免检证。

第三部分 情景应急口语

tai.niu.wun.se.l.ti.fyi.ka.du.de.yi.sen.sang

太妞 乌恩 瑟了踢夫一咔嘟 的 伊森桑。

Assim? Entre, por favor.

是吗？请。

a.syin.yin.t.le.po.l.fa.wo.l

啊斯印？音特勒，泼了 发沃了。

Tem algo a declarar?

有申报的东西吗？

tan.en.ao.gu.a.de.k.la.la.l

摊恩 凹咕 啊 的科拉辣了？

Nada.

没有。

na.da

那嗒。

Ponha a sua mala aqui, por favor.

那请将行李放在这儿。

po.ni.a.a.su.a.ma.la.a.kyi.po.l.fa.wo.l

破尼啊 啊 素啊 骂啦 啊科亿，泼了 发沃了。

Sem problema.

好的。

sen.en.p.lu.b.lai.ma

<u>森恩</u> 扑噜/不来妈。

Já excedeu os limites da isenção fiscal.

已超过免税范围。

zha.yi.sh.se.dei.wu.wu.sh.li.mi.te.sh.da.yi.sen.sang.fyi.sh.kao

炸 伊师瑟嘚乌 乌师 哩密特师 嗒 伊森桑 <u>夫一</u>师靠。

Tem de pagar taxas por estes itens

必须要缴纳税金。

tan.en.de.pa.ga.l.ta.sha.sh.po.l.ei.sh.te.sh.yi.den.sh

<u>摊恩</u> 的 啪尬了 踏沙师 破了 诶师的师 伊等师。

Onde posso pagar?

在哪儿交?

ong.de.po.su.pa.ga.l

翁的 泼苏 啪尬了?

Por lá.

在那边。

po.l.la

泼了 辣。

第三部分 情景应急口语

Tem outros procedimentos?

还有其余的手续吗?

tan.en.o.t.lu.sh.p.lu.se.di.men.tu.sh

摊恩 哦特噜师 扑噜瑟滴闷凸师?

Não, já passou tudo.

没有了。

nang.zha.pa.sou.tu.du

囊, 炸 啪嗽 吐嘟。

02 交通出行

问路

☺ **Onde ficam os correios?**

邮局在哪儿?

ong.de.fyi.kang.wu.sh.ku.hei.yi.yo.sh

翁的 夫一康 乌师 哭黑一哟师?

☺ **Como vou para o banco de transportes?**

怎么去交通银行?

kong.mu.vou.pa.la.wu.ban.ku.de.t.lan.sh.po.l.de.sh

空目 乌沤 啪啦 乌 半哭 的 特蓝师泼了的师?

☺ **Como vou para o Tian'an Men?**

怎么去天安门?

kong.mu.vou.pa.la.wu.tian.an.men

空目 乌沤 啪啦 乌 天安门？

☺ **Há alguma estação de autocarro no redor?**

附近有公交车站吗？

a.ao.gu.ma.yi.sh.ta.sang.de.ao.tu.ka.hu.nu.he.dou.l

啊 凹故妈 伊师它桑 的 凹凸卡呼 奴 呵豆了？

☺ **Onde é a estação de autocarro mais perto?**

最近的车站在哪儿？

ong.de.ai.a.yi.sh.ta.sang.de.ao.tu.ka.hu.ma.yi.sh.pai.l.tu

翁的 爱 啊 伊师它桑 的 凹凸卡呼 妈一师 拍了凸？

☺ **Como vou para o metro?**

去地铁站怎么走？

kong.mu.vou.pa.la.wu.mai.t.lo

空目 乌沤 啪啦 乌 麦特咯？

☺ **Há alguma casa de banho no redor?**

这附近有洗手间吗？

a.ao.gu.ma.ka.za.de.ba.niu.nu.he.dou.l

啊 凹故妈 卡咂 的 罢妞 奴 呵豆了？

☺ **Como vou para o Parque do Mar Nortista?**

去北海公园怎么走？

kong.mu.vou.pa.la.wu.pa.l.ke.du.ma.l.no.l.ti.sh.ta

空目 乌沤 啪啦 乌 怕了科 嘟 骂了 喏了替 师它？

☺ **Este é o caminho para a Universidade de QsingHua?**

去清华大学是这条路吗？

ei.sh.te.ai.wu.ka.mi.niu.pa.la.a.wu.ni.wai.l.syi.da.de.de.qing.hua

诶师的 爱 乌 咔密妞 啪啦 啊 乌尼歪了斯一大的 的 清华？

☺ **Quanto tempo custa?**

有多远/花多长时间？

kuan.tu.tan.pu.ku.sh.ta

宽凸 摊扑 库师它？

会话

🧒 **Desculpe.**

打扰了。

de.sh.ku.pe

的师哭坡。

Onde é a estação de autocarro mais perto?

最近的公交车站在哪儿？

ong.de.ai.a.yi.sh.ta.sang.de.ao.tu.ka.hu.ma.yi.sh.

pai.l.tu

翁的 爱 啊 伊师它桑 的 凹凸卡呼 妈一师 拍了凸？

É

嗯……

ai…

爱……

Segue sempre desta rua.

沿着这条路直走。

se.ge.sen.p.le.dai.sh.ta.hu.a

塞哥 森扑勒 带师它 户啊

Vai ver um parque.

有个公园。

wa.yi.wei.l.wun.pa.l.ke

哇衣 胃了 乌恩 怕了科。

Vire para direita.

在那儿右拐。

wyi.le.pa.la.di.lei.yi.ta

乌一勒 啪啦 滴累衣它

A estação fica justamente lá.

就有公交车站。

a.yi.sh.ta.sang.fyi.ka.zhu.sh.ta.men.te.la

啊 伊师它桑 夫一咔 朱师它闷的 辣。

第三部分 情景应急口语

Você me ajuda muito, obrigada!

帮我大忙了。谢谢!

vou.sei.me.a.zhu.da.mu.yi.tu.o.b.li.ga.da

乌欧塞 么 啊朱大 目一凸,哦<u>不哩</u>嘎嗒!

乘公共汽车

☺ **Onde posso apanhar o autocarro da linha 1?**

在哪儿能坐1路公交车?

ong.de.po.su.a.pa.ni.a.l.wu.ao.tu.ka.hu.da.li.nia.wu.ma

翁的 泼苏 啊啪腻啊了 乌 凹凸卡呼 嗒 利尼啊 乌妈?

☺ **Quanto custa um título?**

车票是多少钱?

kuan.tu.ku.sh.ta.wun.ti.tu.lu

宽凸 哭师它 <u>乌恩</u> 替凸噜?

☺ **Preciso da transferância?**

需要换车吗?

p.le.syi.zu.da.t.lan.sh.fe.lan.syi.a

<u>扑勒/斯一</u>租 嗒 特蓝师夫额烂斯一啊?

☺ **Chega ao zoo?**

到动物园吗?

shai.ga.ao.zu.wu

筛嘎 凹 祖乌？

☺ **Quantas estações para o Centro Comercial Nacional?**

到国贸有几站？

kuan.ta.sh.yi.sh.ta.song.yi.sh.pa.la.wu.sen.t.lu.ku.me.l.syi.ao.na.siu.nao

宽它师 伊师它送一师 怕啦 乌 森特噜 哭么了斯一奥 呐斯羞闹？

☺ **Precisa de transferir para a linha 321.**

需要换321路公交车。

p.le.syi.za.de.t.lan.sh.fe.li.l.pa.la.a.li.nia.t.lei.sh.dou.yi.sh.wun

扑勒/斯一咂 的 特拦师夫额利了 啪啦 啊 利尼啊 特累师 豆一师 乌恩。

🧒 **Bom dia, queria apanhar um autocarro para o Tian'an Men.**

你好，我想坐公交车去天安门。

bong.di.a.ke.li.a.a.pa.nia.l.wun.ao.tu.ka.hu.pa.la.wu.tian.an.men

蹦 第啊，科利啊 啊啪腻啊了 乌恩 凹凸卡 呼 啪啦 乌 天安门。

第三部分 情景应急口语

Qual autocarro devo apanhar?

怎么坐车啊？

kua.wu.ao.tu.ka.hu.dai.wu.a.pa.nia.l

跨乌 凹凸卡呼 带乌 啊啪腻啊了？

Apanhe a linha 1 aqui.

在这儿坐1路公交车。

a.pa.nie.a.li.nia.wu.ma.a.kyi

啊啪捏 啊 利尼啊 乌妈 啊科亿。

Transfera para a linha 728 no Centro Comercial Nacional.

到国贸转728路。

t.lan.sh.fei.la.pa.la.a.li.nia.sai.te.dou.yi.sh.ao.yi.tu.nu.sen.t.lu.ku.me.l.syi.ao.na.siu.nao

特拦师费啦 啪啦 啊 利尼啊 塞的 豆一师 凹一凸 奴 森特噜 哭么了斯一奥 呐斯羞闹。

Obrigada.

谢谢您。

o.b.li.ga.da

哦不哩嘎嗒。

乘出租车

☺ **Para a Cidade Proibida, por favor.**

请到故宫。

葡萄牙语翻开就说

pa.la.a.syi.da.de.p.lu.yi.bi.da.po.l.fa.wo.l

啪啦 啊 斯一大的 扑噜伊必嗒，破了 发沃了。

☺ **Para o Parque de Zhong Shan, por favor.**

去中山公园。

pa.la.wu.pa.l.ke.de.zhong.shan.po.l.fa.wo.l

啪啦 乌 啪了科 的 中山，破了 发沃了。

☺ **Quanto tempo custa para ir à estação ferroviária?**

去火车站要多长时间？

kuan.tu.tan.pu.ku.sh.ta.pa.la.yi.la.yi.sh.ta.sang.fe.hu.wyi.a.li.a

宽凸 摊扑 库师它 啪啦 亿啦 伊师它桑 夫额呼乌一啊哩啊？

☺ **Podemos chegar ao aeroporto em 30 minutos?**

30分钟能到机场吗？

pu.dai.mu.sh.she.ga.l.ao.ai.lu.po.l.tu.en.t.lin.ta.mi.nu.tu.sh

扑带目师 蛇尬了 凹 艾噜破了凸 恩 特林它咪奴凸师？

☺ **Conduza o mais rápido possível, por favor.**

请尽量开快点儿。

kong.du.za.wu.ma.yi.sh.ha.pi.du.p.syi.wei.wu.po.l.fa.wo.l

空杜咂 乌 妈一师 哈批嘟 扑斯一/威乌，破了 发沃了。

第三部分 情景应急口语

Bom dia, para o Aeroporto da Capital.

你好，请到首都机场。

bong.di.a.pa.la.wu.ai.lu.po.l.tu.da.ka.pi.tao

蹦 第啊，啪啦 乌 爱噜泼了凸 嗒 咔批套。

Tá, compreendo.

好的，明白了。

ta.kong.p.li.en.du

踏，空扑哩恩嘟。

Podemos chegar lá em 30 minutos?

30分钟能到吗？

pu.dai.mu.sh.she.ga.l.la.en.t.lin.ta.mi.nu.tu.sh

扑带目师 蛇尬了 辣 恩 特林它 咪奴凸师？

Podemos se não haver trânsito.

不堵车的话没问题。

pu.dai.mu.sh.se.nang.a.wei.l.t.lan.zyi.tu

扑带目师 瑟 囊 啊胃了 特拦/滋一凸。

Já estamos aqui, 40 euros.

到了，40欧元。

zha.yi.sh.ta.mu.sh.a.kyi.kua.lan.ta.ei.wu.lu.sh

炸 伊师踏目师 啊科亿，夸蓝它 诶乌噜师。

Aqui está.

给。

a.kyi.yi.sh.ta

啊科亿 伊师踏。

 搭乘飞机

☺ **Onde fica este lugar?**

这个座位在哪儿?

ong.de.fyi.ka.l.ei.sh.te.lu.ga.l

翁的 夫一卡了 诶师的 噜尬了?

☺ **Como se utiliza o cinto de segurança?**

怎么系安全带?

kong.mu.se.wu.ti.li.za.wu.syin.tu.de.se.gu.lan.sa

空目 瑟 乌踢利哑 乌 斯因凸 的 瑟咕烂撒?

☺ **Um copo de sumo, por favor.**

请给我一杯果汁。

wun.ka.pu.de.su.mu.po.l.fa.wo.l

乌恩 靠扑 的 素目,破了 发沃了。

☺ **Quando vamos aterrar?**

什么时候着陆?

kuan.du.wa.mu.sh.a.te.ha.l

宽嘟 哇目师 啊的哈了?

第三部分 情景应急口语

☺ **Tenho enjôo em vôo.**

晕机。

tai.niu.yin.zhu.wu.en.wu.wu

太妞 音住乌 恩 雾乌。

☺ **Têm medicina de enjôo?**

你们有止晕药吗?

tan.en.me.di.syi.na.de.yin.zhu.wu

摊恩 么滴斯一呐 的 音住乌?

☺ **Quando prestam a refeição?**

几点供餐啊?

kuan.du.p.lai.shi.tang.a.he.feiyi.sang

宽嘟 扑来师唐 啊 呵飞一桑?

☺ **É um pouco frio aqui.**

这有点儿冷。

ai.wun.po.ku.f.liu.a.kyi

爱 乌恩 波哭 夫六 啊科亿。

● **Bom dia, a que horas prestam a refeição?**

你好,几点供餐啊?

bong.di.a.a.ke.ao.la.sh.p.lai.sh.tang.a.he.feiyi.sang

崩 第啊，啊 科 奥拉师 扑来师唐 啊 呵 飞衣桑？

Ao meio-dia.

12点。

ao.mei.yo.di.a

奥 妹哟 第啊。

Assim? Não me sinto bem.

是吗？身体有点不舒服。

a.syin.nang.me.syin.tu.bai.en

啊斯印？囊 么 斯因凸 拜恩

Podia dar-me uma pílula de enjôo?

能给我点儿止晕药吗？

pu.di.a.da.l.me.wu.ma.pi.lu.la.de.yin.zhu.wu

扑第啊 大了么 乌妈 尼噜啦 的 音住乌？

Não há problema, só um momento.

好的，请稍等。

nang.a.p.lu.b.lai.ma.sou.wun.mu.man.tu

囊 啊 扑噜/不来妈，馊 乌恩 目曼凸。

搭乘火车

☺ **Um bilhete de ida e volta para Lisboa, por favor.**

请给我一张去里斯本的往返票。

wun.bi.lie.te.de.yi.da.yi.wo.ta.pa.la.li.sh.bo.a.po.l.fa.wo.l

<u>乌恩</u> 逼咧的 的 亿嗒 伊 沃它 啪啦 哩师博啊，泼了 发沃了。

☺ **Um bilhete simples para Porto.**

我要买去波尔图的单程票。

wun.bi.lie.te.syin.p.le.sh.pa.la.po.l.tu

<u>乌恩</u> 逼咧的 斯因/扑勒师 啪啦 泼了凸。

☺ **Quando se parte?**

何时发车？

kuan.du.se.pa.l.te

宽嘟 瑟 怕了的？

☺ **Há bilhete de cama?**

有卧铺票吗？

a.bi.lie.te.de.ka.ma

啊 逼咧的 的 咔吗？

☺ **Alguém está sentado neste lugar?**

这个座位有人吗？

ao.gen.en.yi.sh.ta.sen.ta.du.nei.sh.te.lu.ga.l

<u>凹亘恩</u> 伊师踏 森踏嘟 内师的 噜尬了？

☺ **Há trêm directo?**

有直达车吗？

a.t.lei.en.di.lai.tu

啊 特累恩 滴来凸?

☺ **Há trêm expresso?**

有特快车吗?

a.t.lei.yi.sh.p.lai.su

啊 特累恩 伊师扑来苏?

☺ **A que horas chega o trêm?**

几点到?

a.ke.ao.la.sh.shai.ga.wu.t.lei.en

啊 科 奥拉师 筛嘎 乌 特累恩?

☺ **Podia colocar a minha bagagem aqui?**

行李可以放在这儿吗?

pu.di.a.ku.lu.ka.l.a.mi.ni.a.ba.ga.zhen.a.kyi

扑第啊 哭噜卡了 啊 咪尼啊 吧嘎真 啊科亿?

👦 **Bom dia, podia colocar a minha bagagem aqui?**

你好,行李可以放在这儿吗?

bong.di.a.pu.di.a.ku.lu.ka.l.a.mi.ni.a.ba.ga.zhen.a.kyi

崩 第啊,扑第啊 哭噜卡了 啊 咪尼啊 吧嘎真 啊科亿?

Sim, pode.

可以。

syin.po.de

斯印,波的。

Em qual estação descem do trêm?

你们在哪儿下车?

en.kua.wu.yi.sh.ta.sang.dai.sh.sen.en.du.t.lei.en

恩 跨乌 伊师它桑 带师森恩 嘟 特累恩?

Na terminação.

在终点站下。

na.te.l.mi.na.sang

呐 特了咪呐桑。

Sim? Eu também.

是吗? 我也是。

syin.ei.wu.tan.bai.en

斯印? 诶乌 摊拜恩。

搭乘轮船

☺ **Quanto tempo custa para chegar aos Açores?**

到亚速尔群岛需要多长时间?

kuan.du.tan.pu.ku.sh.ta.pa.la.she.ga.l.ao.za.su.le.sh

宽嘟 摊扑 库师它 啪啦 蛇尬了 奥嗯速勒师？

☺ **Quais são os portos na viagem?**

途中在哪些港口停？

kua.yi.sh.sang.wu.sh.po.l.tu.sh.na.wyi.a.zhen

<u>跨一</u>师 桑 乌师 泼了凸师 呐 <u>乌一</u>啊真？

☺ **Vamos à coberta para paisagem?**

去甲板上看看风景吧？

wa.mu.za.ku.bai.l.ta.pa.la.pa.yi.za.zhen

袜目嗯 哭拜了它 啪啦 怕衣嗯真？

☺ **Há restaurantes no navio?**

船上有餐厅吗？

a.he.sh.tao.lan.te.sh.nu.na.wyi.wu

啊 呵师涛烂的师 奴 呐<u>物一</u>乌？

☺ **A que horas é a partida?**

几点开船？

a.ke.ao.la.sh.ai.a.pa.l.ti.da

啊 科 奥拉师 爱 啊 啪了替嗒？

☺ **Revisão de bilhete.**

检票。

he.wyi.zang.de.bi.lie.te

呵<u>乌一</u>脏 的 比咧的。

第三部分 情景应急口语

Quanto tempo custa para chegar aos Açores?

到亚速尔群岛需要多长时间?

kuan.du.tan.pu.ku.sh.ta.pa.la.she.ga.l.ao.za.su.le.sh

宽嘟 摊扑 库师它 啪啦 蛇尬了 奥呃速勒师?

Cerca de três dias.

大概三天吧。

sai.l.ka.de.t.lei.sh.di.a.sh

塞了咔 的 特累师 第啊师。

É muito longo.

真够久啊。

ai.mu.yi.tu.long.gu

爱 目一凸 龙咕。

Vamos à coberta para paisagem?

去甲板上看看风景吧?

wa.mu.za.ku.bai.l.ta.pa.la.pa.yi.sa.zhen

袜目呃 哭拜了它 啪啦 怕一撒真?

Concordo.

赞成。

kong.kao.l.du
空靠了嘟。

☺ **Não estacionar.**
禁止停车。
nang.yi.sh.ta.siu.na.l
囊 伊师它斯耷那了。

☺ **Estacionamento.**
停车场。
yi.sh.ta.siu.na.man.tu
伊师它斯耷那曼凸。

☺ **Faixa de pedestres.**
人行横道。
fa.yi.sha.de.pe.dai.sh.t.le.sh
发一沙 的 坡带师特勒师。

☺ **Não apitar.**
禁止鸣笛。
nang.a.pi.ta.l
囊阿皮它了。

☺ **Faixa de autocarro.**
公交专用。

fa.yi.sha.de.ao.tu.ka.hu

发一沙 的 凹凸卡呼。

☺ **Estrada de sentido único.**

单行通道。

yi.sh.t.la.da.de.sen.ti.du.wu.ni.ku

伊师特拉嗒 的 森替嘟 物尼哭。

☺ **Viragem.**

转弯。

wyi.la.zhen

乌一辣真。

☺ **Velocidade limitada.**

限速。

ve.lu.syi.da.de.li.mi.ta.da

乌额嚕斯一大的 哩咪踏嗒。

● **O que significa aquele sinal?**

那块牌子是什么意思?

wu.ke.syi.g.ni.fyi.ka.a.kai.le.syi.nao

乌 科 斯一哥尼夫一咔 啊开了 斯一闹?

● **Diz que a velocidade permitida é 40 quilómetros per hora.**

意思是限速40公里/小时。

di.sh.ke.a.ve.lu.syi.da.de.pe.l.mi.ti.da.ai.kua.
lan.ta.kyi.lo.mai.t.lu.sh.pe.l.ao.la

第师 科 啊 乌额噜斯一大的 坡了咪替嗒
爱 夸烂它 科一咯麦特噜师 坡了 奥拉。

03 打电话

 找人

☺ **O Sr. Pereira está?**

佩雷拉先生在吗?

wu.syi.niao.l.pe.lei.la.yi.sh.ta

乌 斯一尿了 坡果啦 伊师踏?

☺ **A Professora Sara está?**

萨拉老师在吗?

a.p.lu.fe.sou.la.sa.la.yi.sh.ta

啊 扑噜/夫额嗽啦 萨拉 伊师踏?

☺ **Bom dia, está a Dora aqui.**

你好,我是多拉。

bong.di.a.sou.a.dao.la

崩 第啊,伊师透 啊 到啦 啊科亿。

☺ **Agora não estou em casa.**

现在没在家。

a.gao.la.nang.yi.sh.tou.en.ka.za

啊高啦 囊 伊师透 恩 咔咂。

☺ **Agora não está.**

现在没在。

a.gao.la.nang.yi.sh.ta

啊高啦 囊 伊师踏。

☺ **Precisa de transferir alguma mensagem?**

有需要转达的话吗?

p.le.syi.za.de.t.lan.sh.fe.li.l.ao.gu.ma.men.sa.zhen

扑勒/斯一咂 的 特拦师夫额丽了 凹故妈 冈萨真?

会话

- **Estou, é a Dora?**

  喂，多拉?

  yi.sh.tou.ai.a.dao.la

  伊师透，爱 啊 到啦?

- **Não estou em casa neste momento.**

  现在我没在家。

  nang.yi.sh.tou.en.ka.za.nei.sh.te.mu.men.tu

  囊 伊师透 恩 咔咂 内师的 目冈凸。

- **Deixe a sua mensagem depois de "bip", por favor.**

请在"嘟"声后留言。

dei.yi.she.a.su.a.men.sa.zhen.de.po.yi.sh.de.bi.p.po.l.fa.wo.l

嘚一蛇 啊 素啊 冈萨真 的破一师 的 逼坡,泼了 发沃了。

☺ **Estou, é a recepção do Centro Comercial de Oriente?**

喂,是奥连特商场的前台吗?

yi.sh.tou.ai.a.he.sai.p.sang.du.sen.t.lu.ku.me.l.syi.ao.de.ao.li.en.te

伊师透,爱 啊 呵塞坡桑 嘟 森特噜 哭么了 斯一奥 的 凹哩恩的?

☺ **Estou, é o Centro da Saúde?**

喂,是社区医院吗?

yi.sh.tou.ai.wu.sen.t.lu.da.sa.wu.de

伊师透,爱 乌 森特噜 嗒 撒五的?

☺ **Têm alguns descontos nestes dias?**

最近有什么优惠活动吗?

tan.en.ao.gun.sh.de.sh.kong.tu.sh.nei.sh.te.sh.di.a.sh

摊恩 凹棍师 的师控凸师 内师的师 第啊师?

☺ **Podia me explicar outra vez as funções do produto novo?**

能再说明一次新产品的功能吗?

第三部分 情景应急口语

pu.di.a.me.yi.sh.p.li.ka.l.ao.t.la.wai.sh.a.sh.fun.
song.yi.sh.du.p.lu.du.tu.nao.wu

扑第啊 么 伊师扑哩卡了 凹特拉 外师 啊师 夫恩送一师 嘟 扑噜杜凸 孬乌？

☺ **Têm bilhetes para Xangai amanhã?**

还有明天去上海的票吗？

tan.en.bi.lie.te.sh.pa.la.shang.gai.a.ma.ni.an

摊恩 逼咧的师 啪啦 上改 啊妈腻安？

☺ **Tenho febre, o que deve fazer?**

发烧了，怎么办好呢？

tai.niu.fai.b.le.wu.ke.dai.ve.fa.zai.l

太妞 发一/不勒，乌 科 呆乌额 发在了？

☺ **Quanto custa para uma noite o quarto mais barato?**

最便宜的房间一晚上多少钱？

kuan.tu.ku.sh.ta.pa.la.wu.ma.nao.yi.te.wu.kua.l.tu.ma.yi.sh.ba.la.tu

宽凸 库师它 啪啦 乌妈 闹一的 乌 夸了凸 妈衣师 吧拉凸？

会话

🙂 **Estou, é o Serviço de aconselhimento da alfândega?**

喂，是海关咨询处吗？

葡萄牙语翻开就说

yi.sh.tou.ai.wu.se.l.wyi.su.de.a.kong.sai.lie.men.tu.da.ao.fan.de.ga

伊师透，爱 乌 瑟了乌一苏 的 啊空塞咧闷凸 嗒 凹泛的嘎？

Sim, estou.

是的。

syin.yi.sh.tou

斯印，伊师透。

Queria saber, Quais são os objectos que precisam de declaração?

我想咨询一下，有哪些东西需要申报？

ke.li.a.sa.bei.l.Kua.yi.sh.sang.wu.sh.o.b.zhai.tu.sh.ke.p.le.syi.zang.de.de.k.la.la.sang

科利啊 撒被了。跨一师 桑 乌师 哦不摘凸师 科 扑勒/斯一脏 的 的科拉拉桑？

Então, primeiro…

嗯，首先……

en.tang.p.li.mei.yi.lu…

恩唐，扑哩妹衣噜……

预约

☺ **Queria reservar cinco lugares para amanhã.**
预订明天五个人的座位。

140

第三部分 情景应急口语

ke.li.a.he.zai.l.wa.l.syin.ku.lu.ga.le.sh.pa.la.a.ma.ni.an

科利啊 呵栽了袜了 <u>斯因哭</u> 噜尬勒师 啪啦啊妈腻安。

☺ **Queria reservar três quartos privados para hoje.**

预约3个今天晚上的单间。

ke.li.a.he.zai.l.wa.l.t.lei.sh.kua.l.tu.sh.p.li.wa.du.sh.pa.la.o.zhe

科利啊 呵栽了袜了 <u>特累师</u> 夸了凸师 <u>扑哩</u>袜杜师 啪啦空格哦遮。

☺ **Quando chega?**

您什么时候来?

kuan.du.shai.ga

宽嘟 筛嘎?

☺ **Queria cancelar a minha reserva.**

我想取消预约。

ke.li.a.kan.se.la.l.a.mi.ni.a.he.zai.l.wa

科利啊 刊瑟辣了 啊 咪尼啊 呵栽了哇。

☺ **Tem tempo no dia depois de amanhã?**

后天有时间吗?

tan.yi.tan.pu.nu.di.a.de.po.yi.sh.de.a.ma.ni.an

<u>摊一</u> 摊扑 奴 第啊 的破一师 的 啊妈腻安?

☺ **O quarto reservado vai ser até amanhã às seis horas da tarde.**

预约的房间为你保留到明天下午6点。

wu.kua.l.tu.he.zai.l.wa.du.wai.yi.sai.l.a.dei.a.ma.ni.an.a.sh.sei.yi.sh.ao.la.sh.da.ta.l.de

乌 夸了凸 呵栽了哇嘟 <u>外一</u> 赛了 啊嘚 啊妈 安啊 啊师 <u>赛一</u>师 凹拉师 塔 它了的。

🧑 **Estou, é o Hotel da Casa?**

喂，是似家酒店吗？

yi.sh.tou.ai.wu.o.tai.wu.da.ka.za

伊师透，爱 乌 哦太乌 嗒 咔㖫？

👧 **Sim, estou.**

是的。

syin.yi.sh.tou

<u>斯印</u>，伊师透。

🧑 **Queria reservar três quartos individuais.**

预约3个单人间。

ke.li.a.he.zai.l.wa.l.t.lei.sh.kua.l.tu.sh.yin.di.wyi.du.a.yi.sh

科利啊 呵栽了袜了 特累师 夸了凸师 因滴乌一嘟阿衣师。

🔸 **Para quando?**

要订哪天的?

pa.la.kuan.du

啪啦 宽嘟?

🔸 **Para amanhã.**

明天的。

pa.la.a.ma.ni.an

啪啦 啊妈腻安。

🔸 **Temos quartos livres.**

正好有房间。

tai.mu.sh.kua.l.tu.sh.li.v.le.sh

太目师 夸了凸师 哩乌勒师。

Preciso do seu apelido, número da identidade e do telefone.

请告诉我您的姓名、身份证号、联系方式。

p.le.syi.zu.du.sei.wu.a.pe.li.du.nu.me.lu.da.yi.dan.ti.da.de.yi.du.te.le.fo.ne

扑勒/斯一租 嘟 塞乌 啊坡利嘟，奴么噜塔 伊但踢大的 伊 嘟 特勒佛呢。

🔸 **Tá bem.**

好的。

ta.bai.en

踏 拜恩。

葡萄牙语翻开就说

04 用餐

🔊 021

订位

☺ **Estou, é o Restaurante Chinês?**

喂,是中国餐厅吗?

yi.sh.tou.ai.wu.he.sh.tao.lan.te.shyi.nei.sh

伊师透,爱 乌 呵师涛烂的 师一内师?

☺ **Queria reservar uma mesa para amanhã.**

我想预约明天的座位。

ke.li.a.he.zai.l.wa.l.wu.ma.mai.za.pa.la.a.ma.ni.an

科利啊 呵栽了袜了 乌妈 麦哐 啪啦 啊妈腻安。

☺ **Quantas pessoas têm?**

有几位客人?

kuan.ta.sh.pe.sou.a.sh.tan.en

宽它师 坡嗽啊师 摊恩?

☺ **As mesas perto da janela já são reservadas?**

靠窗的地方预约完了吗?

a.sh.mai.za.sh.pai.l.tu.da.zha.nei.la.zha.sang.he.zai.l.wa.da.sh

啊师 麦哐师 拍了凸 嗒 扎内啦 炸 桑 呵栽了袜嗒师?

☺ **Queria reservar uma mesa para três pessoas.**

我想预约三个人的座位。

ke.li.a.he.zai.l.wa.l.wu.ma.mai.za.pa.la.t.lei.sh.pe.sou.a.sh

科利啊 呵栽了袜了 乌妈 麦咂 啪啦 特累师 坡嗽啊师。

☺ **A que horas é que você chega?**

您几点过来?

a.ke.ao.la.sh.ai.ke.vou.sei.shai.ga

啊 科 凹拉师 爱 科 乌欧塞 筛嘎?

☺ **Queria cancelar a minha reserva.**

我取消预约。

ke.li.a.kan.se.la.l.a.mi.ni.a.he.zai.l.wa

科利啊 刊瑟辣了 啊 咪尼啊 呵栽了哇。

🧑 **Bom dia, é o Restaurante Chinês aqui.**

您好,这里是中国餐厅。

bong.di.a.ai.wu.he.sh.tao.lan.te.shyi.nei.sh.a.kyi

蹦 第啊,爱 乌 呵师涛烂的 师一内师 啊 科亿。

Posso ajudar?

您有什么事吗?

po.su.a.zhu.da.l

泼苏 啊朱大了?

🔴 **Queria reservar uma mesa para amanhã.**

我想预约明天的座位。

ke.li.a.he.zai.l.wa.l.wu.ma.mai.za.pa.la.a.ma.ni.an

科利啊 呵栽了袜了 乌妈 麦哑 啪啦 啊妈腻安。

🔴 **Não há problema. Quantos são?**

好的。有几位?

nang.a.p.lu.b.lai.ma.kuan.tu.sh.sang

囊闺女 啊 扑噜/不来妈,宽凸师 桑?

🔴 **Temos seis. Têm mesas perto da janela?**

六位。窗边的桌子还有吗?

tai.mu.sh.sei.yi.sh.tan.en.mai.za.sh.pai.l.tu.da.zha.nei.la

太目师 塞一师,摊恩 麦哑师 拍了凸 嗒扎内啦?

🔴 **Desculpe, são todas reservardas.**

对不起,全部被预约了。

de.sh.ku.pe.sang.tou.da.sh.he.zai.l.wa.da.sh

的师哭坡,桑 透嗒师 呵栽了袜嗒师。

🔴 **Assim? Então não se importe.**

是吗? 那就没办法了。

第三部分 情景应急口语

a.syin.en.tang.nang.se.yin.po.l.te

啊斯印？恩唐 囊瑟 因泼了的

A que horas é que vocês chegam?

您几点过来？

a.ke.ao.la.sh.ai.ke.vou.sei.sh.shai.gang

啊 科 凹拉师 爱 科 乌欧塞师 筛刚？

Às nove horas.

九点。

a.sh.nao.ve.ao.la.sh

啊师 孬乌额 凹拉师。

Tá bem, não há problema.

好的，没问题。

ta.bai.en.nang.a.p.lu.b.lai.ma

踏 拜恩，囊 啊 扑噜/不来妈。

☺ **Quais são os pratos mais saborosos?**

最好吃的菜是什么？

kua.yi.sh.sang.wu.sh.p.la.tu.sh.ma.yi.sh.sa.bu.lo.zu.sh

跨一师 桑 乌师 扑辣凸师 妈一师 撒不咯租师？

葡萄牙语翻开就说

☺ **Quais são os pratos mais recomendados?**

这个店的推荐菜是什么？

kua.yi.sh.sang.wu.sh.p.la.tu.sh.ma.yi.sh.he.ku.men.da.du.sh

<u>跨一师</u> 桑 乌师 <u>扑辣凸师</u> <u>妈一师</u> 呵哭闷大嘟师？

☺ **Têm algum desconto?**

有折扣吗？

tan.en.ao.gun.de.sh.kong.tu

<u>摊恩</u> 凹棍 的师空凸？

☺ **Têm pratos frios?**

有凉菜吗？

tan.en.p.la.tu.sh.f.liu.sh

<u>摊恩</u> <u>扑辣凸师</u> <u>夫六师</u>？

☺ **Arrume esta mesa, por favor.**

请收拾下桌子。

a.hu.me.ai.sh.ta.mai.za.po.l.fa.wo.l

啊呼么 艾师它 麦咂，泼了 发沃了。

☺ **Um menu, por favor.**

请给我菜单。

wun.me.nu.po.l.fa.wo.l

乌恩 么怒，泼了 发沃了。

第三部分 情景应急口语

☺ **Quero isto.**

点这个。

kai.lu.yi.sh.tu

开噜 伊师凸。

☺ **Também queria isto.**

我也要这个。

tan.bai.en.ke.li.a.yi.sh.tu

摊拜恩 科利啊 伊师凸。

☺ **Precisam de mais alguma coisa?**

还有什么需要的吗?

p.le.syi.zang.de.ma.yi.zao.gu.ma.kao.yi.za

扑勒/斯一脏 的 妈一糟故妈 靠一咂?

☺ **Posso mudar os pratos ordenados?**

可以更换刚才点的菜吗?

po.su.mu.da.l.wu.sh.p.la.tu.zao.l.de.na.du.sh

泼苏 目大了 乌师 扑辣凸糟了的那嘟师?

 Bem-vindos! Quantas pessoas têm?

欢迎光临! 有几位?

bai.en.wyin.du.sh.kuan.ta.sh.pe.sou.a.sh.tan.en

拜恩 乌因嘟师！宽它师 坡嗷啊师 摊恩?

🗣 **Dois.**

两位。

dou.yi.sh

豆一师。

🗣 **Por aqui, por favor. Aqui está o menu.**

这边请。这是菜单。

po.l.a.kyi.po.l.fa.wo.l.a.kyi.yi.sh.ta.wu.me.nu

泼了 啊科亿，泼了 发沃了。啊 科亿 伊师踏 乌 么怒。

🗣 **Têm alguns pratos recomendados?**

有什么推荐的吗?

tan.en.ao.gun.sh.p.la.tu.sh.he.ku.men.da.du.sh

摊恩 凹棍师 扑辣凸师 呵哭闷大嘟师?。

🗣 **Este é o prato mais gostoso.**

这个菜很受好评。

ei.sh.te.ai.wu.p.la.tu.ma.yi.sh.gu.sh.tou.zu

诶师的 艾 乌扑辣凸 买一师 咕师透租。

🗣 **Então quero um disto.**

好，那就这个吧。

en.tang.kai.lu.wun.di.sh.tu

恩唐 开嚕 乌恩 第师凸。

第三部分 情景应急口语

🧑 **O quê para bebida?**

喝的呢?

wu.kei.pa.la.be.bi.da

乌 客诶 啪啦 波逼塔?

👩 **Não, obrigado,**

不用了,谢谢。

nang.o.b.li.ga.du

囊,哦不哩嘎嘟。

🧑 **Okay, está pronto logo.**

好的,一会就好。

o.kei.yi.sh.ta.p.long.tu.lao.gu

哦客诶,伊师踏 扑龙凸 捞咕。

付账

☺ **A conta, por favor.**

买单。

a.kong.ta.po.l.fa.wo.l

啊 空它,泼了 发沃了。

☺ **Vamos pagar separatamente.**

AA吧。

wa.mu.sh.pa.ga.l.se.pa.la.ta.men.te

袜目师 啪尬了 瑟啪拉它闷的。

☺ **Onde é que pago a conta?**

在哪儿付账？

ong.de.ai.ke.pa.gu.a.kong.ta

翁的 艾科 怕咕 啊 空它？

☺ **Aqui está a conta.**

这是账单。

a.kyi.yi.sh.ta.a.kong.ta

啊科亿 伊师踏 啊 空它。

☺ **Por favor confirme o valor.**

请确认。

po.l.fa.wo.l.kong.fyi.l.me.wu.wa.lao.l

泼了 发沃了 空夫一了么 乌 哇烙了。

☺ **Vinte e cinco euros em total.**

一共25欧元。

wyin.te.yi.syin.ku.ei.wu.lu.sh.en.tu.tao

乌因的 伊 斯因哭 诶乌噜师 恩 凸套。

☺ **Paga para todos?**

一起付吗？

pa.ga.pa.la.tou.du.sh

怕嘎 啪啦 透嘟师？

☺ **É por minha conta.**

我请客。

ai.po.l.mi.ni.a.kong.ta

爱 破了 咪尼啊 空它。

☺ **Obrigado pela hospitalidade.**

谢谢款待。

o.b.li.ga.du.pa.la.o.sh.pi.ta.li.da.de

哦<u>不利</u>嘎嘟 拍啦 哦师批它哩大的。

Olá, a conta, por favor.

你好，买单。

ou.la.a.kong.ta.po.l.fa.wo.l

欧辣，啊 空它，泼了 发沃了。

Aqui está a conta.

这是账单。

a.kyi.yi.sh.ta.a.kong.ta

啊<u>科亿</u> 伊师踏 啊 空它。

Por favor confirme o valor.

请确认。

po.l.fa.wo.l.kong.fyi.l.me.wu.wa.lao.l

泼了 发沃了 空<u>夫一</u>了么 乌 哇烙了。

Não há problema.

没有错。

nang.a.p.lu.b.lai.ma

囊 啊 扑噜/不来妈。

🗣 **Pagam separatamente?**

分开付吗?

pa.gang.se.pa.la.ta.men.te

啪刚 瑟啪啦它闷的?

🗣 **Sim.**

是的。

syin

斯印。

🗣 **Quinze euros por um.**

每人15欧元。

kyin.ze.ei.wu.lu.sh.po.l.wun

科因则 诶乌噜师 泼了 乌恩。

☺ **O que deseja?**

您点什么?

wu.ke.de.zai.zha

乌 科 的 栽扎?

☺ **Um hamburgo.**

来一个汉堡包。

wun.han.bu.l.gu
乌恩 汉不了咕。

☺ **Um copo de cola.**
来杯可乐。

wun.kao.pu.de.kao.la
乌恩 靠扑 的 靠啦。

☺ **Um menu A.**
来一份A套餐。

wun.me.nu.ei
乌恩 么怒 诶。

☺ **Dois doses de frango assado.**
来两份烤鸡。

dou.yi.sh.dou.ze.sh.de.f.lan.gu.a.sa.du
豆一师 豆则师 的 夫拦咕 啊萨嘟。

☺ **Para levar.**
打包。

pa.la.le.wa.l
啪啦 勒袜了。

👦 **O que deseja?**
您点什么？

wu.ke.de.zai.zha

乌 科 的 栽扎？

Dois hamburgos de vaca e um copo de cola.

两个牛肉汉堡、一杯可乐。

dou.yi.sh.han.bu.l.gu.sh.de.wa.ka.yi.wun.kao.pu.de.kao.la

<u>豆一师</u> 汉不了咕师 的 哇咔 伊 <u>乌恩</u> 靠扑 的 靠啦

Dois gelados e dois frangos assados.

两个冰激凌、两份烤鸡。

dou.yi.sh.zhe.la.du.sh.yi.dou.yi.sh.f.lan.gu.sh.a.sa.du.sh

<u>豆一师</u> 遮辣嘟师 伊 <u>豆一师</u> <u>夫拦</u>咕师 啊萨嘟师。

Eat-in?

在这儿吃吗？

yi.te.yin

亿 特 因？

Não, para levar.

不，打包。

nang.pa.la.le.wa.l

囊，啪啦 勒袜了。

叫外卖

☺ **Pode entregá-la para casa?**

能送到家里来吗?

po.de.en.t.le.ga.la.pa.la.ka.za

泼的 恩特勒尬啦 啪啦 咔匝?

☺ **Precisa de ser mais de 10 euros.**

10欧元起送。

p.le.syi.za.de.sai.l.ma.yi.sh.de.dai.sh.ei.wu.lu.sh

扑勒/斯一哑 的 赛了 妈一师 的 带师 诶乌 噜师。

☺ **Precisa de pagar mais.**

需要额外费用。

p.le.syi.za.de.pa.ga.l.ma.yi.sh

扑勒/斯一哑 的 啪尬了 妈一师。

☺ **Quando é que vai chegar?**

几点左右能到?

kuan.du.ai.ke.wai.yi.she.ga.l

宽嘟 艾 科 外一 蛇尬了?

☺ **Em 15 minutos.**

15分之后送到。

en.kyin.ze.mi.nu.tu.sh

恩 科因则 咪奴凸师。

葡萄牙语翻开就说

> **Estou, é o KFC?**
>
> 喂，KFC吗？
>
> yi.sh.tou.ai.wu.kei.ai.fu.sei
>
> 伊师透，爱 乌 科诶艾夫塞？
>
> **Sim, posso ajudar?**
>
> 是的。
>
> syin.po.su.a.zhu.da.l
>
> 斯印，泼苏 啊朱大了？
>
> **Pode fazer delivery neste momento?**
>
> 现在能送外卖吗？
>
> po.de.fa.zai.l.di.li.ve.rui.nei.sh.te.mu.men.tu
>
> 泼的 发在了 滴利乌额瑞 内师的 目冈凸？
>
> **Sim, podemos.**
>
> 可以的。
>
> syin.pu.dai.mu.sh
>
> 斯印，扑带目师。
>
> **Então uma dose de frango frito, uma batata frita e uma cola.**
>
> 那么我要一份炸鸡、一份薯条和一杯可乐。

第三部分 情景应急口语

yin.tang.wu.ma.dou.ze.de.f.lan.gu.f.li.tu.wu.
ma.ba.ta.ta.f.li.ta.yi.wu.ma.kao.la

音唐 乌妈 豆则 的 夫拦咕 夫利凸，乌妈
吧他它 夫利它 伊 乌妈 靠啦

Tá bem. Para onde?

好的，明白了。送到哪里？

ta.bai.en.pa.la.ong.de

踏 拜恩，啪啦 翁的？

Número 2 da Avenida de Amizade.

友谊大道2号。

nu.me.lu.dou.yi.sh.da.a.ve.ni.da.de.a.mi.za.de

奴么噜 豆一师 嗒 啊乌额尼嗒 的 啊咪
咂的。

Okay, só uns momentos.

好的，请稍等。

o.kei.sou.wun.sh.mu.men.tu.sh

哦客诶，搜 乌恩师 目冈凸师。

05 住宿

问价、订房

☺ **Quanto é um quarto individual por uma noite?**

单人间一晚上多少钱？

葡萄牙语翻开就说

kuan.tu.ai.wun.kua.l.tu.yin.di.wyi.du.ao.po.l.wu.ma.nao.yi.te

宽凸 爱 乌恩 夸了凸 因滴乌一嘟奥 泼了 乌妈孬一的?

☺ **Quanto é um quarto de casal por uma noite?**

双人间一晚上多少钱?

kuan.tu.ai.wun.kua.l.tu.de.ka.zao.po.l.wu.ma.nao.yi.te

宽凸 爱 乌恩 夸了凸 的 咔造 泼了 乌妈孬一的?

☺ **Quanto é o quarto mais barato por uma noite?**

最便宜的房间一晚上多少钱?

kuan.tu.ai.wu.kua.l.tu.ma.yi.sh.ba.la.tu.po.l.wu.ma.nao.yi.te

宽凸 爱 乌 夸了凸 妈一师 吧拉凸 泼了 乌妈孬一的?

☺ **Quanto é o melhor quarto por uma noite?**

最好的房间多少钱?

kuan.tu.ai.wu.me.liao.l.kua.l.tu.po.l.wu.ma.nao.yi.te

宽凸 爱 乌 么廖了 夸了凸 泼了 乌妈孬一的?

☺ **Queria reservar um quarto.**

我想预订房间。

第三部分 情景应急口语

ke.li.a.he.zai.l.wa.l.wun.kua.l.tu

科利啊 呵栽了袜了 乌恩 夸了凸。

☺ **Queria reservar um quarto por duas noites.**

我想预订两天的房间。

ke.li.a.he.zai.l.wa.l.wun.kua.l.tu.po.l.du.a.sh.nao.yi.te.sh

科利啊 呵栽了袜了 乌恩 夸了凸 泼了 杜啊 师 孬一的师。

☺ **Queria reservar um quarto individual por uma semana.**

我预约一周的单间。

ke.li.a.he.zai.l.wa.l.wun.kua.l.tu.yin.di.wyi.du.ao.po.l.wu.ma.se.ma.na

科利啊 呵栽了袜了 乌恩 夸了凸 因滴乌一嘟奥 泼了 乌妈 瑟妈呐。

会话

😊 **Olá, queria reservar um quarto.**

你好，我想预订房间。

o.la.ke.li.a.he.zai.l.wa.l.wun.kua.l.tu

哦辣，科利啊 呵栽了袜了 乌恩 夸了凸。

😊 **De qual tipo?**

您想预订什么样的房间?

de.kua.wu.ti.pu
德 跨乌 踢扑?

Duplo, quanto é por uma noite?

双人间，一晚上多少钱?

du.p.lu.kuan.tu.ai.po.l.wu.ma.nao.yi.te
杜扑噜，宽凸 爱 泼了 乌妈 孬一的?

30 euros.

30欧元。

t.lin.ta.ei.wu.lu.sh
特林它 诶乌噜师。

Por cinco noites.

预订五天。

po.l.syin.ku.nao.yi.te.sh
泼了 斯因哭 孬一的师。

Okay.

好的。

o.kei
哦客诶。

☺ **Podia verificar o quarto?**

可以看一下房间吗?

pu.di.a.ve.li.fyi.ka.l.wu.kua.l.tu

扑第啊 乌额哩夫一卡了 乌 夸了凸?

☺ **Queria dar uma olhada na casa.**

我想看一下房子。

ke.li.a.da.l.wu.ma.o.lia.da.na.ka.za

科利啊 大了 乌妈 哦俩塔 呐 咔嗻。

☺ **Podia me mostrar a outras casas?**

可以带我看一下别的房子吗?

pu.di.a.me.mu.sh.t.la.l.a.ou.t.la.sh.ka.za.sh

扑第啊 么 目师特辣了 啊 欧特拉师 咔嗻师?

☺ **É um pouco escuro.**

有点儿暗。

ai.wun.po.ku.yi.sh.ku.lu

爱 乌恩 泼哭 伊师哭噜。

☺ **O quarto é brilhante e sossegado.**

这个房间既明亮又安静。

wu.kua.l.tu.ai.b.li.lian.te.yi.su.se.ga.du

乌 夸了凸 爱 不哩连的 伊 苏瑟嘎嘟。

☺ **É conveniente se deslocar.**

交通便利。

ai.kong.wyi.nian.te.se.de.sh.ku.la.l

爱 空乌一年的 瑟 的师哭辣了。

☺ **Tem varanda?**

有阳台吗?

tan.yi.wa.lan.da

摊一 哇拦塔?

☺ **A casa tem uma cozinha.**

这个房子带厨房。

a.ka.za.tan.yi.wu.ma.ku.zyi.ni.a

啊 咔喳 摊一 乌妈 哭滋一尼啊。

 Podia verificar a casa?

可以看一下房子吗?

pu.di.a.ve.li.fyi.ka.l.a.ka.za

扑第啊 乌额哩夫一卡了 啊 咔喳?

 Com certeza. Vou lhe mostrar.

当然可以。我带您去。

kong.se.l.tai.za.vou.lie.mu.sh.t.la.l

空 瑟了太喳。乌沤 咧 目师特辣了

A casa é brilhante e sossegada.

这个房间既明亮又安静。

a.ka.za.ai.b.li.lian.te.yi.su.se.ga.da

啊 咔哐 爱 <u>不哩</u>连的 伊 苏瑟嘎哒。

Que tal?

怎么样?

ke.tao

科 套?

Qual é a distância a partir do metrô?

离车站有多远?

kua.wu.ai.a.di.sh.tan.syi.a.a.pa.l.ti.l.du.me.t.lo

<u>跨乌</u> 爱 啊 滴师摊斯<u>一</u>啊 啊 啪了替了 嘟 么特烙?

É cinco minutos a pé.

五分钟左右。

ai.syin.ku.mi.nu.tu.za.pei

爱 <u>斯因</u>哭 咪奴凸哐 配。

Tem ambas uma varanda e cozinha.

阳台和厨房都有呢。

tan.yi.an.ba.zu.ma.wa.la.da.yi.ku.zyi.ni.a

<u>摊一</u> 安吧租妈 哇拉嗒 伊 哭<u>滋一</u>尼啊。

Sim.

是的。

syin

<u>斯印</u>。

🗣 **É muito boa. Então é cara, não é?**

房子很好。房租很贵吧。

ai.mu.yi.tu.bo.a.yin.tang.ai.ka.la.nang.ai

爱 目 一 凸 博 啊。音 唐 爱 卡 啦,囊 爱?

🗣 **300 euros por um mês.**

一个月300欧元。

t.le.zan.tu.zei.wu.lu.sh.po.l.wun.mei.sh

特勒簪凸贼乌噜师 泼了 乌恩 妹师。

🗣 **Tá bem. Queria alugá-la.**

算了,就这个吧。

ta.bai.en.ke.li.a.a.lu.ga.la

踏 拜恩。科利啊 啊噜尬啦。

☺ **Fornecem o Serviço de Despertador?**

有叫醒服务吗?

fo.l.nei.sen.en.wu.se.l.wyi.su.de.de.sh.pe.l.ta.dou.l

佛了内森恩 乌 瑟了乌一苏 的 的师呸了它豆了?

☺ **Acorde-me às seis horas amanhã de manhã, por favor.**

请明早六点叫我起床。

a.kao.l.de.me.a.zei.zao.la.za.ma.ni.an.de.ma.ni.

第三部分 情景应急口语

an.po.l.fa.wo.l

啊靠了的么 啊贼遭啦呃妈腻安 的 妈腻安,泼了 发沃了。

☺ **Podia lavar a minha roupa?**

能替我洗一下衣服吗?

pu.di.a.la.wa.l.a.mi.ni.a.hou.pa

扑第啊 啦袜了 啊 咪尼啊 后啪?

☺ **Queria fazer uma chamada internacional.**

我想打国际电话。

ke.li.a.fa.zai.l.wu.ma.sha.ma.da.yin.te.l.na.siu.nao

科利啊 发在了 乌妈 沙骂嗒 因特了呐斯羞闹。

☺ **Podia passar o meu fato a ferro?**

可以帮我熨下西服吗?

pu.di.a.pa.sa.l.wu.mei.wu.fa.tu.a.fei.hu

扑第啊 啪萨了 乌 妹乌 发凸 啊 飞呼?

☺ **Não tenho a chave comigo, abra a porta, por favor.**

我没拿钥匙,请帮我开下门。

nang.tai.niu.a.sha.ve.ku.mi.gu.a.b.la.a.po.l.ta.po.l.fa.wo.l

囊 太妞 啊 沙乌额 哭密咕, 啊不啦 啊 泼了 它, 泼了 发沃了?

☺ **Posso depositar as bagagens aqui?**

行李能寄存在这儿吗?

po.su.de.pu.zyi.ta.l.a.sh.ba.ga.zhen.sh.a.kyi

泼苏 的扑滋一踏了 啊师 吧嘎真师 啊科亿?

☺ **Parece que o AC não funciona, venha verificar, por favor.**

空调好像出故障了，请来看一下。

pa.lai.se.ke.wu.a.sei.nang.fun.siu.ao.na.wai.ni.a.ve.li.fyi.ka.l.po.l.fa.wo.l

啪来瑟 科 乌 啊塞 囊 夫恩/斯丘奥呐，外尼 啊 乌额哩夫一卡了，泼了 发沃了。

- **Olá, fornecem o Serviço de Despertador?**

  请问，有叫醒服务吗？

  o.la.fo.l.nei.sen.enwu.se.l.wyi.su.de.de.sh.pe.l.ta.dou.l

  欧辣，佛了内森恩 乌 瑟了乌一苏 的 的 师呸了它豆了？

- **Sim.**

  有。

  syin

  斯印。

- **Acode-me às seis horas amanhã de manhã.**

  请明早六点叫我起床。

a.kao.l.de.me.a.zei.zao.la.za.ma.ni.an.de.ma.ni.an.po.l.fa.wo.l

啊靠了的么 啊贼糟啦唖妈腻安 的 妈腻安。

Sim, não há problema.

好的，明白了。

syin.nang.a.p.lu.b.lai.ma

斯印，囊啊 扑噜/不来妈。

Além disso, podia lavar a minha roupa?

另外，能替我洗一下衣服吗？

a.lai.en.di.su.pu.di.a.la.wa.l.a.mi.ni.a.hou.pa

啊赖恩 滴苏，扑第啊 啦袜了 啊 咪尼啊 后啪？

Sim.

好的。

syin

斯印。

Quando é que vai estar pronta?

什么时候能洗好？

kuan.du.ai.ke.wa.yi.yi.sh.ta.l.p.long.ta

宽嘟 爱 科 哇一 伊师踏了 扑隆它？

Vou levá-la ao seu quarto amanhã à noite.

明天傍晚送到您的房间里。

vou.le.wa.la.ao.sei.wu.kua.l.tu.a.ma.ni.an.a.nao.yi.te

<u>乌沤</u> 勒袜啦 凹 <u>塞乌</u> 夸了凸 啊妈腻安 啊孬一的。

Obrigado.

谢谢。

o.b.li.ga.du

哦<u>不</u>哩嘎嘟。

☺ A que horas é o check-out?

退房是在每天什么时候?

a.ke.ao.la.zai.wu.chai.ke.ao.te

啊 科 凹拉在 乌 拆科 奥特?

☺ O que acontecia se check out depois das horas?

如果超过了时间怎么办?

wu.ke.a.kong.te.syi.a.se.chai.ke.ao.te.de.po.yi.sh.da.zao.la.sh

乌 科 啊空特<u>斯亿</u>啊 瑟 拆科 奥的 的<u>破一师</u>嗒造啦师?

☺ Check-out.

退房。

chai.ke.ao.te

拆科 奥特。

第三部分 情景应急口语

☺ **Posso pagar com cartão de crédito?**

能用信用卡结账吗?

po.su.pa.ga.l.kong.ka.l.tang.de.k.lai.di.tu

泼苏 啪尬了 空 咔了唐 的 科来滴凸?

☺ **Assine aqui, por favor.**

请在这里签字。

a.syin.ne.a.kyi.po.l.fa.wo.l

啊斯一呢 啊科亿,泼了 发沃了。

☺ **Têm fatura?**

有发票吗?

tan.en.fa.tu.la

摊恩 发图啦?

会话

🧒 **Check out.**

退房。

chai.ke.ao.te

拆科 奥特。

👩 **Sim. É 75 euros em total.**

好的。共75欧元。

syin.ai.se.tan.ta.ei.wu.lu.zen.tu.tal

斯印，爱 瑟摊它 诶乌噜怎 凸套。

Posso pagar com cartão de crédito?

能用信用卡结账吗？

po.su.pa.ga.l.kong.ka.l.tang.de.k.lai.di.tu

泼苏 啪尬了 空 咔了唐 的 科来滴凸？

Com certeza. Por favor assine aqui.

可以。请在这里签字。

kong.se.l.tai.za.po.l.fa.wo.l.a.syi.ne.a.kyi

空 瑟了太咂。泼了 发沃了 啊斯一呢 啊科亿。

Aqui estão a receita e fatura.

这是清单和发票。

a.kyi.yi.sh.tang.a.he.sei.yi.ta.yi.fa.tu.la

啊科亿 伊师唐 啊 呵塞衣它 伊 发图啦。

Aguarde-as por favor.

请收好。

a.gua.l.de.a.sh.po.l.fa.wo.l

啊瓜了的 啊师 泼了 发沃了。

Obrigado pelas vindas.

谢谢您的每次惠顾。

o.b.li.ga.du.pai.la.sh.wyin.da.sh

哦不哩嘎嘟 拍啦师 乌因嗒师。

06 购物

选择商品

☺ **Quantos tipos há deste copo?**

这个杯子有几种?

kuan.tu.sh.tipu.za.dei.sh.te.kao.pu

宽凸师 踢扑咋 嘚师的 靠扑?

☺ **Qual é o melhor tipo?**

哪种比较好?

kua.wu.ai.wu.me.liao.l.ti.pu

跨乌 爱 乌 么廖了 踢扑?

☺ **Quais são os produtos mais vendidos?**

畅销商品是什么?

kua.yi.sh.sang.wu.sh.p.lu.du.tu.sh.ma.yi.sh.wen.di.du.sh

跨一师 桑 乌师 扑噜杜凸师 妈一师 文第嘟师?

☺ **Quais são as funções novas?**

有哪些新功能?

kua.yi.sh.sang.a.sh.fun.sao.yi.sh.nao.wa.sh

跨一师 桑 啊师 夫恩/腺一师 孬哇师?

☺ **Qual é o tipo mais vendido?**

卖得最好的是哪种?

kua.wu.ai.wu.ti.pu.ma.yi.sh.wen.di.du

跨乌 爱 乌 踢扑 妈一师 文第嘟?

☺ **Como é a qualidade?**

品质怎样?

kong.mu.ai.a.kua.li.da.de

空目 爱 啊 夸哩大的?

☺ **Funciona bem?**

好用吗?

fun.siu.ao.na.bai.en

夫恩/斯羞奥呐 拜恩?

☺ **Há outras cores?**

有别的颜色吗?

a.ao.t.la.sh.kao.le.sh

啊 凹特啦师 靠勒师?

☺ **Há outros padrões?**

有别的花样吗?

a.ao.t.la.sh.pa.d.long.yi.sh

啊 凹特拉师 啪的龙一师?

会话

🙂 **O telefone funciona muito bem.**

这个手机很好用哦。

wu.te.le.fo.ne.fun.siu.ao.na.mu.yi.tu.bai.en

乌 特勒佛呢 夫恩/斯羞凹呐 目一凸 拜恩。

Também estou a usá-lo.

我也在用。

tan.bai.en.yi.sh.tou.a.wu.za.lu

摊拜恩 伊师透 啊 乌咋噜。

Sim, é muito na moda.

嗯，确实很时尚。

syin.ai.mu.yi.tu.na.mo.da

斯印，爱 目一凸 呐 莫嗒。

E tem boa qualidade.

质量也不错哦。

yi.tan.yi.bo.a.kua.li.da.de

伊 摊一 博啊 夸哩大的。

Vou comprar um também.

那我也买吧。

vou.kong.p.la.l.wun.tan.ban.en

乌沤 空扑辣了 乌恩 摊拜恩。

Olá, deixe-me ver o telefone azul claro, por favor.

你好，请给我看一下这个浅蓝色的。

ou.la.dei.sh.me.wei.l.wu.te.le.fo.ne.a.zu.k.la.lu.po.l.fa.wo.l

欧辣，嗨蛇么 胃了 乌 特勒佛呢 啊组 科辣噜，泼了 发沃了。

询问价格

☺ **Quanto custa?**

多少钱？

kuan.tu.ku.sh.ta

宽凸 哭师它？

☺ **Quanto custa por um?**

一个多少钱？

kuan.tu.ku.sh.ta.po.l.wun

宽凸 哭师它 泼了 乌恩？

☺ **Quanto custa por um kilo?**

一公斤多少钱？

kuan.tu.ku.sh.ta.po.l.wun.kyi.lu

宽凸 哭师它 泼了 乌恩 科一噜？

☺ **Quanto custa uma banana?**

一根香蕉多少钱？

kuan.tu.ku.sh.ta.wu.ma.ba.na.na

宽凸 哭师它 乌妈 吧那呐？

☺ **Quanto custa um terno?**

一套西服多少钱？

kuan.tu.ku.sh.ta.wun.tai.l.nu

宽凸 哭师它 乌恩 太了呶？

第三部分 情景应急口语

☺ **Qual é o preço disto?**

这个怎么卖?

kua.wu.ai.wu.p.lai.su.di.sh.tu

跨乌 爱 乌 扑来苏 第师凸?

会话

> **Qual é o preço disto?**
>
> 这个怎么卖?
>
> kua.wu.ai.wu.p.lai.su.di.sh.tu
>
> 跨乌 爱 乌 扑来苏 第师凸?
>
> **Três euros por um kilo.**
>
> 一公斤3欧元。
>
> t.lei.zei.wu.lu.sh.po.l.wun.kyi.lu
>
> 特累/贼乌噜师 泼了 乌恩 科一噜。

 讨价还价

☺ **Pode ser mais barato?**

能便宜点儿吗?

po.de.sai.l.ma.yi.sh.ba.la.tu

泼的 赛了 妈一师 吧拉凸?

☺ **Podia dar um desconto se comprar muitos?**

如果买得多可以打折吗?

pu.di.a.da.lun.de.sh.kong.tu.se.kong.p.la.l.mu.yi.tu.sh

扑第啊 大噜恩 的师空凸 瑟 空扑辣了 目一凸师？

☺ **Desconto de 10 por cento.**

打九折。

de.sh.kong.tu.de.dai.sh.po.l.sen.tu

的师空凸 的 带师 泼了 森凸。

☺ **Vou comprar dez por este preço.**

这个价钱买十个。

vou.kong.p.la.l.dai.sh.po.l.ei.sh.te.p.lai.su

乌沤 空扑辣了 带师 泼了 诶师的 扑来苏。

🧑 **Essa maçã, pode ser mais barata?**

这种苹果能便宜点儿吗？

ai.sa.ma.san.po.de.sai.l.mai.yi.sh.ba.la.ta

爱撒 妈三，泼的 赛了 麦一师 吧拉它？

🧑 **Já é bastante barata.**

已经够便宜了。

zha.ai.ba.sh.tan.te.ba.la.ta

炸 爱 吧师摊的 吧拉它。

> **Por favor, Vou comprar mais se for mais barata.**
>
> 稍微便宜点儿吧。便宜的话,就多买点儿。
>
> po.l.fa.wo.l.Vou.kong.p.la.l.ma.yi.sh.se.fo.l.ma.yi.sh.ba.la.ta
>
> 泼了 发沃了,乌泅 空扑辣了 妈一师 瑟佛了 妈一师 吧拉它。
>
> **Assim? Então vou dá-lhe um desconto de 10 por cento.**
>
> 是吗?那就给你打九折吧。
>
> a.syin.yin.tang.vou.da.lie.wun.de.sh.kong.tu.de.dai.sh.po.l.sen.tu
>
> 啊斯印?音唐 乌泅 大咧 乌恩 的师空凸 的 带师 泼了 森凸。

付款

☺ **Onde é que pago?**

在哪儿付款?

ong.de.ai.ke.pa.gu

翁的 爱 科 怕咕?

☺ **Onde é o balcão?**

收银台在哪儿?

ong.de.ai.wu.bao.kao

翁的 爱 乌 包靠?

☺ **Posso pagar com MasterCard?**

万事达卡可以吗?

po.su.pa.ga.l.kong.ma.si.ter.kar.de

泼苏 啪尬了 空 妈斯特儿卡儿的?

☺ **Tem trocos?**

您有零钱吗?

tan.yi.t.lao.ku.sh

摊一 特捞哭师?

☺ **Você pagou 14 euros.**

收您14欧元。

vou.sei.pa.gou.ka.tao.l.ze.ei.wu.lu.sh

乌沤塞 啪够 咔涛了则 诶乌噜师。

☺ **Devolve-se 20 cêntimos por troco.**

找您0.2欧元。

de.wo.ve.se.wyin.te.sen.ti.mu.sh.po.l.t.lao.ku

的沃乌额瑟 乌因的 森踢目师 泼了 特捞哭。

Quanto custa?

多少钱?

kuan.tu.ku.sh.ta
宽凸 哭师它?

13.8 euros.

13.8欧元。

t.lei.ze.wyi.l.gu.la.ao.yi.tu.ei.wu.lu.sh

特累则 乌一了咕啦 凹一凸 诶乌噜师。

Aqui está.

给。

a.kyi.yi.sh.ta

啊科亿 伊师踏。

Você pagou 14 euros.

收您14欧元。

vou.sei.pa.gou.ka.tao.l.ze.ei.wu.lu.sh

乌欧塞 啪够 咔涛了则 诶乌噜师。

Devolve-se 20 cêntimos por troco.

找您0.2欧元。

de.wo.ve.se.wyin.te.sen.ti.mu.sh.po.l.t.lao.ku

的沃乌额瑟 乌因的 森踢目师 泼了 特捞哭。

Aqui está a fatura.

这是清单。

a.kyi.yi.sh.ta.a.fa.tu.la

啊科亿 伊师踏 啊 发图拉。

> **Obrigado pela vinda.**
>
> 谢谢惠顾。
>
> o.b.li.ga.du.pai.la.wyin.da
>
> 哦不哩嘎嘟 拍啦 乌因嗒。

☺ **Posso trocar esta roupa?**

能换一下这件衣服吗?

po.su.t.lu.ka.l.ai.sh.ta.hou.pa

泼苏 特噜卡了 艾师它 后啪?

☺ **Posso devolver este produto?**

能退货吗?

po.su.de.wo.wei.l.ei.sh.te.p.lu.du.tu

泼苏 的沃胃了 诶师的 扑噜杜凸?

☺ **Queria devolver o produto.**

我想退货。

ke.li.a.de.wo.wei.l.wu.p.lu.du.tu

科利啊 的沃胃了 乌 扑噜杜凸。

☺ **Posso trocar a coisa já comprada?**

刚买的东西可以换吗?

po.su.t.lu.ka.l.a.kao.yi.za.zha.kong.p.la.da

泼苏 特噜卡了 啊 靠一哐 炸 空扑啦哒?

Com licença, estes sapatos são um pouco largos.

打扰了，这双鞋有点儿大。

kong.i.san.sa.ei.sh.te.sh.sa.pa.tu.sh.sang.wun.po.ku.la.l.gu.sh

空 哩散撒，诶师的师 撒怕凸师 桑 乌恩泼哭 拉了咕师。

Posso trocá-los?

能给我换一下吗？

po.su.t.lu.ka.l.lu.sh

泼苏 特噜卡了 噜师？

Assim? Desculpe.

是吗？对不起。

a.syin.de.sh.ku.pe

啊斯印？的师哭坡。

Exprimente estes, por favor.

那您试试这双。

yi.sh.p.li.men.te.ei.sh.te.sh.po.l.fa.wo.l

伊师扑哩冈的 诶师的师，泼了 发沃了。

Ficam-me bem. Posso trocar para estes?

正好合适。能换这双吗？

fyi.kao.me.bai.en.po.su.t.lu.ka.l.pa.la.ei.sh.te.sh

夫一靠么 拜恩。泼苏 特噜卡了 啪啦 诶师的师？

Com certeza.

当然可以。

kong.se.l.tai.za

空 瑟了太咂。

07 观光娱乐

☺ **Onde é que compro o bilhete?**

在哪儿买票？

ong.de.ai.ke.kong.p.lu.wu.bi.lie.te

翁的 艾 科 空扑噜 乌 比咧的？

☺ **Queria um bilhete.**

我买一张票。

ke.li.a.wun.bi.lie.te

科利啊 乌恩 逼咧的。

☺ **Desejo dois bilhetes.**

我买两张票。

de.zai.zhu.dou.yi.sh.bi.lie.te.sh

第三部分 情景应急口语

的栽朱 豆一师 逼咧的师。

☺ **Quanto custa um bilhete?**

一张票多少钱?

kuan.tu.ku.sh.ta.wun.bi.lie.te

宽凸 哭师它 乌恩 逼咧的?

☺ **Tem desconto de estudante?**

对学生有优惠吗?

tan.en.de.sh.kong.tu.de.yi.sh.tu.dan.te

摊恩 的师空凸 的 伊师凸但特?

👦 **Quanto custa um bilhete?**

一张票多少钱?

ong.de.ai.ke.kong.p.lu.wu.bi.lie.te

翁的 艾 科 空扑噜 乌 比咧的?

👧 **10 euros.**

10欧元。

dai.zei.wu.lu.sh

带贼乌噜师。

👦 **Tem algum desconto para aluno?**

如果是学生的话有优惠吗?

tan.en.ao.gun.de.sh.kong.tu.pa.la.a.lu.nu

摊恩 凹棍 的师空凸 啪啦 啊路奴？

Tem desconto de 50 por cento. Mas é preciso o seu cartão de estudante.

半价。不过需要学生证。

tan.en.de.sh.kong.tu.de.syin.kuan.ta.po.l.sen.tu.ma.zai.p.le.syi.zu.wu.sai.wu.ka.l.tang.de.yi.shi.tu.dan.te

摊恩 的师空凸 的 斯因宽它 泼了 森凸。妈在 扑勒/斯一租 乌 塞乌 咔了唐 的 伊师凸但特。

Aqui está o meu cartão.

这是我的学生证。

a.kyi.yi.sh.ta.wu.mei.wu.ka.l.tang

啊科亿 伊师踏 乌 妹乌 咔了唐。

Um bilhete, por favor.

请给我一张票。

wun.bi.lie.te.po.l.fa.wo.l

乌恩 逼咧的，泼了 发沃了。

询问景点位置

☺ **Este é o caminho para a Torre de Belém?**

贝伦塔是这条路吗？

eish.te.ai.wu.ka.mi.niu.pa.la.a.tao.he.de.be.lei.en

诶师的 爱 乌 咔密妞 啪啦 啊 涛呵 的 波累恩?

😊 É a Praça do Comércio lá?

那儿是商业广场吗?

ai.a.p.la.sa.du.ku.mai.l.siu.la

爱 啊 扑辣撒 嘟 哭麦了斯羞 辣?

😊 Onde é que apanhar o autocarro de turismo para Sintra?

在哪儿能坐到去辛特拉的观光车?

ong.de.ai.ke.a.pa.ni.a.l.wu.ao.tu.ka.hu.de.tu.li.sh.mu.pa.la.xin.te.la

翁的 爱 科 啊啪腻啊了 乌 凹凸卡呼得? 土力师母 帕拉 新 特拉?

😊 Aquele prédio é o Mosteiro dos Jerónimos?

那栋建筑物是热罗尼莫斯修道院吗?

a.kei.le.p.lai.diu.ai.wu.mu.sh.tei.yi.lu.du.sh.zhe.lao.ni.mu.sh

啊开勒 扑来丢 爱 乌 目师忒衣噜 嘟师 遮捞尼目师?

😊 Qual é o caminho para a Ponte de 4.25?

去四月二十五号大桥的路是哪一条?

kua.wu.ai.wu.ka.mi.niu.pa.la.a.pong.te.de.wyin.te.yi.syin.ku.de.a.b.liu

跨乌 爱 乌 咔密妞 啪啦 啊 碰的 的 乌因 伊 斯因哭 的 啊不六?

葡萄牙语翻开就说

☺ **Onde é o Elevador de Santa Justa?**

圣胡斯塔升降机在哪边?

ong.de.ai.wu.yi.le.wa.dou.l.de.san.ta.hu.sh.ta

翁的 爱 乌 伊勒哇豆了 的 散它 胡师它?

Este é o caminho para a Torre de Belém?

贝伦塔是这条路吗?

ei.sh.te.ai.wu.ka.mi.niu.pa.la.a.tao.he.de.be.lei.en

诶师的 爱 乌 咔密妞 啪啦 啊 涛呵 的 波累恩?

Sim.

是的。

syin

斯印。

Obrigado!

谢谢!

o.b.li.ga.du

哦不哩尬嘟!

在游乐场

☺ **Cobra-se por este jogo?**

这个游戏是要收费的吗?

kao.b.la.se.po.l.ei.sh.te.zhao.gu

靠不拉 瑟 泼了 诶师的 找咕？

☺ **O parque temático é gratuito?**

这个主题公园是免费开放的吗？

wu.pa.l.ke.te.ma.ti.ku.ai.g.la.tu.yi.tu

乌 啪了科 特骂踢哭 爱 哥啦图一凸？

☺ **Podem andar de barco aqui?**

在这儿能划船吗？

po.den.an.da.l.de.ba.l.ku.a.kyi

泼等 安大了 的 吧了哭 啊科亿？

☺ **Podem fazer salto com elástico?**

能蹦极吗？

po.den.fa.zai.l.sao.tu.kong.yi.la.sh.ti.ku

泼等 发在了 骚凸 空 伊辣师踢哭？

会话

🧑 **Que multidão!**

人真多啊！

ke.mu.ti.dang

科 目踢当！

👩 **Verdade! O que jogamos?**

是啊！玩儿什么呢？

ve.l.da.de.wu.ke.zhu.ga.mu.sh

乌额了大的！乌 科 朱尬目师？

🧑 **Vamos fazer salto com elástico!**

我们去蹦极吧！

wa.mu.sh.fa.zai.l.sao.tu.kong.yi.la.sh.ti.ku

袜目师 发在了 臊凸 空 伊辣师踢哭！

🧑 **Boa ideia!**

好主意！

bo.a.yi.dei.yi.a

博啊 伊嘚衣啊！

☺ **Comprei um bilhete de filme na internet.**

我在网上买了电影票。

kong.p.lei.yi.wun.bi.lie.te.de.fyi.wu.me.na.yin.te.l.nei.te

<u>空扑累衣</u> 乌恩 逼咧的 的 <u>夫一乌么</u> 呐 因特 了内的。

☺ **Quando é que entramos?**

我们几点入场？

kuan.du.ai.ke.en.t.la.mu.sh

宽嘟 爱 科 恩特辣目师？

☺ **Onde é a revisão de bilhete?**

在哪儿检票？

ong.de.ai.he.wyi.zang.de.bi.lie.te

翁的 爱 啊 呵乌一藏 的 逼咧的?

☺ **Onde é a entrada?**

入口在哪儿?

ong.de.ai.a.yin.t.la.da

翁的 爱 啊 音特辣塔?

☺ **Quando é que dura?**

放映时间有多久?

kuan.du.ai.ke.du.la

宽嘟 爱 科 杜啦?

☺ **Que bom filme.**

真是不错的电影啊。

ke.bong.fyi.wu.me

科 蹦 夫一乌么。

🧑 **Com licença, tenho um bilhete para "Cartas da Guerra".**

请问,我有电影《战场来信》的票。

kong.li.san.sa.tai.niu.wun.bi.lie.te.pa.la.ka.l.ta.sh.da.gai.ha

空 哩散撒,太妞 乌恩 逼咧的 啪啦 咔了

它师 塔 该哈。

Á que horas começa a entrada?

应该几点入场?

a.ke.ao.la.sh.ku.mai.sa.a.yin.t.la.da

啊 科 凹拉师 哭麦撒 啊 音特辣塔?

Em trinta minutos.

30分钟后检票。

en.t.lin.ta.mi.nu.tu.sh

恩 特林它 咪奴凸师。

Onde é a revisão de bilhete?

在哪儿检票?

ong.de.ai.a.he.wyi.zang.de.bi.lie.te

翁的 爱 啊 呵乌一藏 的 逼咧的?

Aí.

在那儿。

a.yi

啊亿。

Obrigado!

谢谢!

o.b.li.ga.du

哦不哩尬嘟!

演唱会

☺ **Vamos ao concerto.**

我们去音乐会吧。

wa.mu.zao.kong.sai.l.tu

袜目糟 空塞了凸。

☺ **Os bilhetes são muito exigidos.**

票很紧俏。

wu.sh.bi.lie.te.sh.sang.mu.yi.tu.yi.zyi.zhyi.du.sh

乌师 逼咧的师 桑 目一凸 伊滋一/之一嘟师。

☺ **Quando é que começa?**

几点开始?

kuan.ai.ke.ku.mai.sa

宽嘟 爱 科 哭麦撒?

☺ **Estamos todos muito animados.**

大家都很兴奋。

yi.sh.ta.mu.sh.tou.du.sh.mu.yi.tu.a.ni.ma.du.sh

伊师它目师 透嘟师 目一凸 啊尼骂嘟师。

☺ **Está muito animado cá.**

这儿真热闹。

yi.sh.ta.mu.yi.tu.a.ni.ma.du.ka

伊师踏 目一凸 啊尼骂嘟 卡。

Que animado.

真热闹。

ke.a.ni.ma.du

科 啊尼骂嘟。

Todos estão muito alegres.

大家都很兴奋。

tou.du.sh.yi.sh.tang.mu.yi.tu.a.lai.g.le.sh

透嘟师 伊师唐 目一凸 啊来格勒师。

É verdadeiramente um cantor famoso.

不愧是有名的歌手。

ai.ve.l.da.dei.yi.la.men.te.wun.kan.tou.l.fa.mou.zu

爱 乌额了嗒嘚衣啦闷的 乌恩 刊透了 发牟租。

☺ **Faço exercícios todos os dias.**

我每天都运动。

fa.su.yi.ze.l.syi.siu.sh.tou.du.zu.sh.di.a.sh

发苏 伊则了斯一/斯羞师 透嘟租师 第啊师。

第三部分 情景应急口语

☺ **Exercito-me em ginásio.**

我在健身房锻炼身体。

yi.ze.l.syi.tu.me.en.zhyi.na.ziu

伊则了斯一凸么 恩 之一那滋乌。

☺ **Gosto de exercicios de bola.**

我喜欢球类运动。

gao.sh.tu.de.yi.ze.l.syi.siu.sh.de.bo.la

高师凸 的 伊则了斯一/斯羞师 的 博啦。

☺ **Estou a fazer ioga.**

我正在做瑜伽。

yi.sh.tou.a.fa.zai.l.yi.yo.ga

伊师透 啊 发在了 伊哟嘎。

☺ **Faço sempre Tai Chi.**

我经常打太极拳。

fa.su.sen.p.le.tai.chyi

发苏 森扑勒 太 吃亿。

☺ **Gosto mais de nadar.**

我最喜欢游泳。

gao.sh.tu.ma.yi.sh.de.na.da.l

高师凸 妈一师 的 呐大了。

☺ **Faço jogging.**

我正在跑步。

fa.su.zhao.gying

发苏 找格应。

☺ **Jogo badminton.**

我打羽毛球。

zhao.gu.ba.d.min.ton

找咕 吧的民同。

☺ **Mergulho às vezes.**

我偶尔潜水。

me.l.gu.liu.a.sh.wai.ze.sh

么了故溜 啊师 外则师。

会话

Dora, está muito bom disposto.

多拉，你看起来精神不错啊。

dao.la.yi.sh.ta.mu.yi.tu.bong.di.sh.po.sh.tu

到啦，伊师踏 目一凸 崩 滴师泼师凸。

Faz muitos exercícios?

你经常运动吧?

fa.sh.mu.yi.tu.yi.ze.l.syi.siu.sh

发师 目一凸滋伊则了斯一/斯羞师?

Sim, faço jogging todos os dias.

嗯，我每天都坚持慢跑。

第三部分 情景应急口语

syin.fa.su.zhao.gying.tao.du.zu.sh.di.a.sh

斯印，发苏 找格应 套嘟租师 第啊师。

E Vânia?

范尼亚你呢？

yi.wa.ni.a

伊 袜尼啊？

🔴 **Jogo basquetebol às vezes.**

我偶尔打篮球。

zhao.gu.ba.sh.ke.te.bo.wu.a.sh.wai.ze.sh

找咕 吧师科特博乌 啊师 外则师。

找洗手间

☺ **Com licença, onde é a casa de banho?**

请问，厕所在哪儿？（葡萄牙说法）

kong.li.san.sa.ong.de.ai.a.ka.za.de.ba.niu

空 哩散撒，翁的 爱 啊 咔咂 的 吧妞？

☺ **Com licença, onde é o banheiro?**

请问，洗手间在哪儿？（巴西说法）

kong.li.san.sa.ong.de.ai.wu.na.nie.ei.lu

空 哩散撒，翁的 爱 乌 吧捏诶噜？

☺ **Onde é o lavatório?**

洗手间在哪儿？

ong.de.ai.wu.la.wa.tou.liu

翁的 爱 乌 啦袜透溜?

🧒 **Com licença, onde é a casa de banho?**

请问,洗手间在哪儿?

kong.li.san.sa.ong.de.ai.a.ka.za.de.ba.niu

空 哩散撒,翁的 爱 啊 咔咂 的 吧妞?

👧 **Siga por este caminho. Fica na sua esquerda.**

沿这条路直走,左边就是。

syi.ga.po.l.ei.sh.te.ka.mi.niu.fyi.ka.na.su.a.yi.sh.kai.lda

<u>斯一嘎</u> 泼了 诶师的 咔密妞。<u>夫一咔</u> 呐 素啊 伊师开了嗒。

08 在邮局

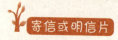

☺ **Quais são os horários de funcionamento dos correios?**

邮局的营业时间是几点到几点?

kua.yi.sh.sang.wu.zao.la.liu.sh.de.fun.siu.na.men.to.du.sh.ku.hei.yo.sh

第三部分 情景应急口语

跨一师 桑 乌糟辣溜师 的 夫恩/斯羞呐闷凸
嘟师 哭黑哟师?

☺ **Desejo encomendar uma carta.**

我要寄信。

de.zai.zhu.yin.ku.men.da.l.wu.ma.ka.l.ta

的栽朱 音哭闷大了 乌妈 咔了它。

☺ **Quero encomendar um postal.**

我想寄明信片。

kai.lu.yin.ku.men.da.l.wun.pu.sh.tao

开噜 音哭闷大了 乌恩 扑师套。

☺ **Preencha o envelope, por favor.**

请写好信封。

p.li.en.sha.wu.yin.ve.lo.pe.po.l.fa.wo.l

扑哩摁沙 乌 音乌额咯泼,泼了 发沃了。

☺ **Por via normal.**

寄普通信件。

hu.tsu-.bin.ni.shi.ma.su

破了 乌亿啊 奴了帽。

☺ **Por carta registada.**

寄挂号信。

po.l.ka.l.ta.he.zhyi.sh.ta.da

破了 咔了它 呵之一师它嗒。

葡萄牙语翻开就说

☺ **Por via aérea.**

寄航空邮件。

po.l.wyi.a.a.ai.lia

破了 乌亿啊 啊爱俩。

☺ **Por via expressa.**

寄快件。

po.l.wyi.a.yi.sh.p.lai.sa

破了 乌亿啊 伊师扑来撒。

☺ **Quanto tempo custa para mandar para Lisboa?**

寄到里斯本要多长时间?

kuan.tu.tan.pu.ku.sh.ta.pa.la.man.da.l.pa.la.li.sh.bo.a

宽凸 摊扑 库师它 啪啦 曼大了 啪啦 哩师博啊?

☺ **Qual tipo de selo deve usar?**

应该贴什么样的邮票?

kua.wu.ti.pu.de.sai.lu.dai.ve.wu.za.l

跨乌 踢扑 的 塞噜 呆乌额 乌咋了?

☺ **Posso preencher o envelope como isto?**

信封这样写可以吗?

po.su.p.li.en.shai.l.wu.yin.ve.lo.pe.kong.mu.yi.sh.tu

泼苏 扑哩恩晒了 乌 音乌额咯坡 空目 伊师凸?

第三部分 情景应急口语

☺ **Coloque o em caixa postal.**

请投入邮筒。

ku.lao.ke.wu.en.kai.sha.pu.sh.tao

哭捞科 乌 恩 开沙 扑师套。

☺ **Têm cartão de bom ano novo?**

有贺年卡吗?

tan.en.ka.l.tang.de.bong.a.nu.nao.wu

摊恩 咔了唐 的 蹦 啊奴 孬乌?

☺ **Para onde é que manda o postal?**

明信片投到哪儿?

pa.la.ong.de.ai.ke.man.da.wu.pu.sh.tao

啪啦 翁的 艾 科 曼嗒 乌 扑师套?

☺ **Quando é que vai chegar?**

什么时候能寄到?

kuan.du.ai.ke.wa.yi.sh.ga.l

宽嘟 艾 科 哇一 蛇尬了?

会话

🧑 **Bom dia, queria mandar uma carta.**

你好,我想寄信。

bong.di.a.ke.li.a.man.da.l.wu.ma.ka.l.ta

蹦 第啊，科利啊 曼大了 乌妈 咔了它。

Por via normal?

寄普通信件吗？

po.l.wyi.a.nu.l.mao

破了 乌亿啊 奴了帽？

Não, por carta registada.

不，寄挂号信。

nao.po.l.ka.l.ta.he.zhyi.sh.ta.da

孬，破了 咔了它 呵之一师踏嗒。

Preencha o envelope, por favor.

请写好信封。

p.li.en.sha.wu.en.ve.lo.pe.po.l.fa.wo.l

扑哩摁沙 乌 恩乌额咯坡，泼了 发沃了。

Sim. Está bem como assim?

好的。这样可以了吗？

syin.yi.sh.ta.bai.en.kong.mu.a.syin

斯印。伊师踏 拜恩 空目 啊斯印？

Fica bem. Use este selo, por favor.

可以了。请把这个邮票贴好。

fyi.ka.bai.en.wu.ze.ei.sh.te.sai.lu.po.l.fa.wo.l

夫一咔 拜恩。乌则 诶师的 塞噜，泼了 发沃了。

第三部分 情景应急口语

Tá pronto.

贴好了。

ta.p.long.tu

踏 扑龙凸。

Coloque o em caixa postal, por favor.

请投入邮筒。

ku.lao.ke.wu.en.kai.sha.pu.sh.tao.po.l.fa.wo.l

哭捞科 乌 恩 开沙 扑师套，泼了 发沃了。

É 1,4 euros em total.

邮费是1.4 欧元。

ai.wun.ei.wu.lou.yi.kua.len.da.en.tu.tal

爱 乌恩 诶乌楼易夸 了恩达 恩 凸套。

寄包裹

☺ **Queria mandar um pacote.**

我想寄包裹。

ke.li.a.man.da.l.wun.pa.kao.te

科利啊 曼大了 乌恩 啪靠的。

☺ **Preencha este formulário, por favor.**

请填写这张表格。

p.li.en.sha.ei.sh.te.fo.l.mu.la.liu.po.l.fa.wo.l

扑哩恩沙 诶师的 佛了目辣溜，泼了 发沃了。

☺ **O que deseja enviar?**

您要寄什么?

wu.ke.de.zai.zha.yin.wyi.a.l

乌 科 的在扎 音乌一啊了?

☺ **Deixe-me examiná-lo. por favor.**

请让我检查一下。

dei.sh.me.yi.za.mi.na.lu.po.l.fa.wo.l

嘚蛇么 伊咂咪那噜，泼了 发沃了。

☺ **Não se permite enviar líquido e cosméticos.**

不能寄液体和化妆品。

nang.se.pe.l.mi.te.en.wyi.a.l.yi.ku.sh.mai.ti.ku.sh

囊 瑟 坡了密的 恩乌一啊了 伊 哭师麦踢哭师。

☺ **5 euros até 2kg, 6 euros até 5 kg.**

2公斤以内5欧元，2~5公斤6欧元。

syin.ku.ei.wu.lu.sh.a.dei.do.yi.sh.kyi.lu.g.la.ma.sei.yi.sh.ei.wu.lu.sh.a.dei.syin.kyi.lu.g.la.ma

斯因哭 诶乌噜师 啊嘚 豆一师 科伊噜哥啦吗，塞一师 诶乌噜师 啊嘚 斯因哭 科伊噜哥啦吗。

☺ **O que faria com excesso de bagagem?**

如果超重了怎么办?

wu.ke.fa.li.a.kong.yi.sh.sai.su.de.ba.ga.zhen

乌 科 发利啊 空 伊师赛苏 的 吧嘎真?

第三部分 情景应急口语

☺ **Tem que pagar por os excessos.**

必须要交超重金。

tan.yi.ke.pa.ga.l.po.l.wu.zyi.sh.sai.su.sh

摊一 科 啪尬了 泼了 乌滋一师赛苏师。

☺ **Uma caixa de encomenda, por favor.**

请给我一个包裹箱。

wu.ma.ka.yi.sha.de.yin.ku.men.da.po.le.fa.wo.le

乌妈 卡衣沙 的 音哭闷嗒，泼了 发沃了。

☺ **Quandos dias custa para chegar?**

大概要几天能寄到？

kuan.tu.sh.di.a.sh.ku.sh.ta.pa.la.she.ga.l

宽凸师 第啊师 库师它 啪啦 蛇尬了？

> 🧑 **Bom dia, uma caixa de encomenda, por favor.**
>
> 你好，请给我一个包裹箱。
>
> bong.di.a.wu.ma.ka.yi.sha.de.yin.ku.men.da.po.l.fa.wo.l
>
> 蹦 第啊，乌妈 卡衣沙 的 音哭闷嗒，泼了 发沃了。
>
> 👩 **Okay, o que é que envia?**
>
> 好的，您想寄什么？
>
> o.kei.wu.ke.ai.ke.yin.wyi.a
>
> 哦客诶，乌 科 艾 科 音乌亿啊？

205

São livros e roupas.

只有书和衣服。

sang.li.v.lu.zyi.hou.pa.sh

桑 哩乌噜/滋一 厚啪师。

Tá bom. Preencha este formulário.

好的。那么请填写这张表格。

ta.bong.p.li.en.sha.ei.sh.te.fo.l.mu.la.liu

踏 蹦。扑哩摁沙 诶师的 佛了目辣溜。

Vou a pesar. É 2,7 euros em total.

我称一下。费用是2.7欧元。

vou.a.pe.za.l.ai.dou.yi.sh.wyi.l.gu.la.sei.te.ei.wu.lu.zen.tu.tao

乌沤 啊 坡咋了。爱 豆一师 乌一了咕啦塞的 诶乌噜怎 凸套。

Sim, aqui está.

好的，给你钱。

syin.a.kyi.yi.sh.ta

斯印，啊科亿 伊师踏。

09 在银行

存/取款

☺ **Bom dia, queria fazer um depósito.**

早上好，我想存钱。

bong.di.a.ke.li.a.fa.zai.l.wun.de.pao.zyi.tu

蹦 第啊，科利啊 发在了 乌恩 的泡滋一凸。

☺ **Bom dia, queria fazer um levantamento.**

早上好，我要取钱。

bong.di.a.ke.li.a.fa.zai.l.wun.le.wan.ta.men.tu

蹦 第啊，科利啊 发在了 乌恩 勒弯它闷凸。

☺ **A sua conta e bilhete de identidade, por favor.**

请把账户和身份证给我。

a.su.a.kong.ta.yi.bi.lie.te.de.yi.den.ti.da.de.po.l.fa.wo.l

啊 素啊 空它 伊 逼咧的 的 伊等踢大的，泼了 发沃了。

☺ **Quanto é que deseja depositar?**

您想存多少钱？

kuan.tu.ai.ke.de.zai.zha.de.pu.zyi.ta.l

宽凸爱 科 的在扎 的扑滋一踏了？

☺ **Insera o código, por favor.**

请输入密码。

yin.sai.la.wu.kao.di.gu.po.l.fa.wo.l

因赛啦 乌 靠滴咕，泼了 发沃了。

☺ **Depósito à ordem ou a prazo?**

存活期还是定期存款？

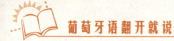

de.pao.zyi.tu.a.o.l.den.ou.a.p.la.zu

的泡滋一凸 啊 哦了等 欧 啊 扑辣租？

☺ **Está com o seu carimbo?**

您带着印章吗？

yi.sh.ta.kong.wu.sei.wu.ka.lin.bu

伊师踏 空 乌 塞乌 咔林不？

☺ **Códigos errados.**

密码错误。

kao.di.gu.zyi.ha.du.sh

靠滴咕滋一哈嘟师。

☺ **Confirme o valor, por valor.**

请确认数额。

kong.fyi.l.me.wa.luo.l.po.l.fa.wo.l

空夫一了么 乌 哇落了，泼了 发沃了。

🔴 **Bom dia, queria fazer um depósito.**

早上好，我想存钱。

bong.di.a.ke.li.a.fa.zai.l.wun.de.pao.zyi.tu

蹦 第啊，科利啊 发在了 乌恩 的泡滋一凸。

第三部分 情景应急口语

Quanto é que deseja depositar?

您想存多少钱?

kuan.tu.ai.ke.de.zai.zha.de.pu.zyi.ta.l

宽凸 科 的在扎 的扑滋一踏了?

500 euros.

500欧元。

syin.kuan.ta.ei.wu.lu.sh

斯因宽它 诶乌噜师。

A sua conta e bilhete de identidade, por favor.

请把账户和身份证给我。

a.su.a.kong.ta.yi.bi.lie.te.de.yi.den.ti.da.de.po.l.fa.wo.l

啊 素啊 空它 伊 逼咧的 的 伊等踢大的，泼了 发沃了。

Confirme o valor, por favor.

请您确认数额。

kong.fyi.l.me.wu.wa.luo.l.po.l.fa.wo.l

空夫一了么 乌 哇落了，泼了 发沃了。

Se é tudo correcto, assine aqui, por favor.

如果无误，请在这儿签字。

se.ai.tu.du.ku.hai.tu.a.syi.ne.a.kyi.po.l.fa.wo.l

瑟 爱 图嘟 哭嗨凸，啊斯一呢 啊科亿，泼了 发沃了。

开户

☺ **Queria abrir uma nova conta.**
我想新开个账户。

ke.li.a.a.b.li.l.wu.ma.nao.wa.kong.ta

科利啊 啊不利了 乌妈 孬哇 空它。

☺ **Queria abrir uma conta de depósito à ordem.**
我想开个活期存款的账户。

ke.li.a.a.b.li.le.wu.ma.kong.ta.de.de.pao.zyi.tu.a.o.l.den

科利啊 啊不利了 乌妈 空它 的 的泡滋一凸 啊 哦了等。

☺ **Preencha a proposta, por favor.**
请填写申请书。

p.li.en.sha.a.p.lu.po.sh.ta.po.l.fa.wo.l

扑哩摁沙 啊 扑噜破师它，波了 发沃了。

☺ **Precisa de códigos?**
要输密码吗？

p.le.syi.za.de.kao.di.gu.sh

扑勒/斯一咂 的 靠滴咕师？

 会话

🧑 **Desejo abrir uma conta.**
我想开个户。

第三部分 情景应急口语

de.zai.zhu.a.b.li.l.wu.ma.kong.ta

的在朱 啊不利了 乌妈 空它。

De qual tipo?

开个什么样的账户?

de.kua.wu.ti.pu

的 跨乌 踢扑?

Acho que prefiro uma à ordem.

我想活期存款的账户比较好。

a.shu.ke.p.le.fyi.le.wu.ma.a.o.l.den

啊书 科 扑勒/夫一勒 乌妈 啊 哦了等。

Queria um cartão?

需要卡吗?

ke.li.a.wun.ka.l.tang

科利啊 乌恩 咔了唐?

Sim.

是的。

syin

斯印。

Só um momento.

请稍等。

sou.wun.mu.men.tu

嗽 乌恩 目闷凸。

Faz depósito hoje?

现在存钱吗?

fa.sh.de.pao.zyi.tu.o.zhe

发师 的泡滋一凸 哦遮?

Não.

不存。

nang

囊。

Aqui está a sua conta e o cartão.

给。您的账号和卡。

a.kyi.yi.sh.ta.a.su.a.kong.ta.yi.wu.ka.l.tang

啊科亿 伊师踏 啊 苏啊 空它 伊 乌 咔 了唐。

☺ **Perdi o meu cartão bancário.**

银行卡丢失了。

pe.l.di.wu.mei.wu.ka.l.tang.ban.ka.liu

坡了第 乌 妹乌 咔了唐 班卡溜。

☺ **Preencha esta notificação da perda.**

请填写挂失申请。

p.li.en.sha.ai.sh.ta.nu.ti.fyi.ka.sang.da.pei.l.da

扑哩摁沙 艾师它 奴踢夫一咔桑 嗒 配了嗒。

第三部分 情景应急口语

☺ **Onde é que entrego?**

在哪儿提交？

ong.de.ai.ke.yin.t.lai.gu

翁的 艾 科 音特来咕？

☺ **O seu número de conta, por favor.**

请告诉我您的账户号码。

wu.sei.wu.nu.me.lu.de.kong.ta.po.l.fa.wo.l

乌 塞乌 奴么噜 的 空它，泼了 发沃了。

🧑 **Bom dia, perdi o meu cartão bancário.**

你好，我的银行卡丢了。

bong.di.a.pe.l.di.wu.mei.wu.ka.l.tang.ban.ka.liu

蹦 第啊，坡了第 乌 妹乌 咔了唐 班卡溜。

O que posso fazer?

怎么办才好呢？

wu.ke.po.su.fa.zai.l

乌 科 泼苏 发在了？

🧑 **Primeiro, preencha esta notificação da perda.**

首先，请填写这份挂失申请。

p.li.mei.yi.lu.p.li.en.sha.ai.sh.ta.nu.ti.fyi.

ka.sang.da.pei.l.da

扑哩妹一噜，扑哩摁沙 艾师它 奴踢夫一咔桑 嗒 配了嗒。

Depois entregue isto à caixa de número 8 juntamente com o seu passaporte.

然后带上护照，交到第八号窗口。

de.po.yi.sh.yin.t.lai.ge.yi.sh.tu.a.ka.yi.sha.de.nu.me.lu.ao.yi.tu.zhun.ta.men.te.kong.wu.sei.wu.pa.sa.po.l.te

的破一师 音特来哥 伊师凸 啊 卡衣沙 的奴么噜 凹一凸 准它冈的 空 乌 赛乌 啪撒泼了的

Muito obrigado.

多谢。

mu.yi.tu.o.b.li.ga.du

目一凸 哦不哩尬嘟。

信用卡

☺ **Desejo um cartão bancário.**

我想办张银行卡。

de.zai.zhu.wun.ka.l.tang.ban.ka.liu

的在朱 乌恩 咔了唐 班卡溜。

☺ **Quais são os procedimentos?**

需要什么样的手续？

第三部分 情景应急口语

kua.yi.sh.sang.wu.sh.p.lu.se.di.men.tu.sh

跨一师 桑 乌师 扑噜瑟滴冈凸师?

☺ **Quais são as provas necessárias?**

需要什么证明书?

kua.yi.sh.sang.a.sh.p.lao.wa.sh.ne.se.sa.lia.sh

跨一师 桑 啊师 扑捞哇师 呢瑟萨俩师?

☺ **Preencha a proposta, por favor.**

请填写申请表。

p.li.en.sha.a.p.lu.po.sh.ta.po.l.fa.wo.l

扑哩摁沙 啊 扑噜破师它，泼了 发沃了。

☺ **Qual é a tarifa?**

手续费是多少钱?

kua.wu.ai.a.ta.li.fa

跨乌 爱 啊 它利发?

● **Quais são os procedimentos para pedir um cartão de crédito?**

办理信用卡的手续有哪些?

kua.yi.sh.sang.wu.sh.p.lu.se.di.men.tu.sh.pa.la.
pe.di.l.wun.ka.l.tang.de.k.lai.di.tu

跨一师 桑 乌师 扑噜瑟滴冈凸师 啪啦 坡
第了 乌恩 咔了唐 的 科来滴凸?

Primeiro, escolha o tipo de cartão.
首先,选择您想办的信用卡种类。

p.li.mei.yi.lu.yi.sh.kao.lia.wu.ti.pu.de.ka.l.tang

扑哩妹衣噜,伊师靠俩 乌 踢扑 的 咔了唐。

A seguir, preencha a proposta.
其次,填写申请表。

a.se.gyi.l.p.li.en.sha.a.p.lu.po.sh.ta

啊 瑟哥亿了,扑哩摁沙 啊 扑噜破师它。

Depois vá solicitar nas caixas do banco.
最后到银行窗口办理。

de.po.yi.sh.wa.su.li.syi.ta.l.na.sh.ka.yi.sha.sh.du.ban.ku

的破一师 袜 苏哩斯一踏了 呐师 卡衣沙师 嘟 班哭。

A tarifa é normalmente cerca de 4 euros.
费用是4欧元左右。

a.ta.li.fa.ai.nuo.l.mao.men.te.sai.l.ka.de.kua.t.lu.ei.wu.lu.sh

啊 它利发 爱 喏了猫们的 塞了咔 的 夸特 噜 诶乌噜师。

☺ **Posso descontar cheque aqui?**
这里能兑换支票吗?

第三部分 情景应急口语

po.su.de.sh.kong.ta.l.shai.ke.a.kyi

泼苏 的师空踏了 筛科 啊科亿?

☺ **Posso descontar este cheque para dinheiro chinês?**

能把这张支票兑换成人民币吗?

po.su.de.sh.kong.ta.l.ei.sh.te.shai.ke.pa.la.di.nie.yi.lu.shyi.nei.sh

泼苏 的师空踏了 诶师的 筛科 啪啦 滴捏衣噜 师一内师?

☺ **Escreva o seu nome, endereço e número de passaporte, por favor.**

请在纸上写下您的名字、地址、护照号。

yi.sh.k.lai.wa.wu.sei.wu.nou.me.yin.de.lai.su.yi.nu.me.lu.de.pa.sa.po.l.te.po.l.fa.wo.l

伊师科来哇 乌 塞乌 咯么,音的来苏 伊 呶么噜 的 啪撒泼了的,泼了 发沃了。

☺ **Tá pronto.**

好了。

ta.p.long.tu

踏 扑龙凸。

🧑 **Bom dia, posso descontar este cheque em dinheiro chinês?**

早上好,能帮我把这张支票兑换成人民币吗?

bong.di.a.po.su.de.sh.kong.ta.l.ei.sh.te.shai.
ke.en.di.nie.yi.lu.shyi.nei.sh

蹦 第啊，泼苏 的师空踏了 诶师的 筛科
恩 滴捏衣噜 师一内师。

Só um momento.

请稍等。

sou.wun.mu.men.tu

嗽 乌恩 目闷凸。

Desculpe, não podemos trocar dinheiro chinês neste momento.

对不起，现在换不了人民币。

de.sh.ku.pe.nang.pu.dai.mu.sh.t.lu.ka.l.di.nie.
yi.lu.shyi.nei.sh.nei.sh.te.mu.men.tu

的师哭坡，囊 扑带目师 特噜卡了 滴捏衣
噜 师一内师 内师的 目闷凸。

Aceita dólar Americano?

换成美元可以吗？

a.sei.yi.ta.dao.la.l.a.me.li.ka.nu

啊塞一它 刀拉了 啊么哩卡奴？

Assim. Não vou descontar mais. Desculpe.

这样啊。那算了吧。对不起。

a.syin.nang.vou.de.sh.kong.ta.l.ma.yi.sh.de.sh.
ku.pe

啊斯印。囊 乌沤 的师空踏了 妈一师。
的师哭坡。

转账

☺ **Faça uma transferência de 100 euros para esta conta, por favor.**

请往这个卡号中转入100欧元。

fa.sa.wu.ma.t.lan.sh.fe.lan.syi.a.de.sen.en.ei.wu.lu.sh.pa.la.ai.sh.ta.pa.la.ai.sh.ta.kong.ta.po.l.fa.wo.l

发撒 乌妈 特拦师夫额蓝斯一啊 的 森恩 诶 乌噜师 啪啦 爱师它 空它，泼了 发沃了。

☺ **Pago o custo do consumo de água com transferência bancária.**

水费我要转账支付。

pa.gu.wu.ku.sh.tu.du.kong.su.mu.de.a.gua.kong.t.lan.sh.fe.lan.syi.a.ban.ka.lia

啪咕 乌 哭师凸 嘟 空苏目 的 啊瓜 空 特拦师夫额蓝斯一啊 班卡俩。

☺ **O número da sua conta e dela, por favor.**

请将您和对方的卡号给我。

wu.nu.me.lu.da.su.a.kong.ta.yi.dai.la.po.l.fa.wo.l

乌 奴么噜 嗒 素啊 空它 伊 带啦，泼了 发沃了。

☺ **Insera o código, por favor.**

请输入密码。

yin.sai.la.wu.kao.di.gu.po.l.fa.wo.l

因塞啦 乌 靠滴咕，泼了 发沃了。

葡萄牙语翻开就说

☺ **Saldo insuficiente, não pode transferir.**

您的余额不够，无法转账。

sao.du.yin.su.fyi.syi.en.te.nang.po.de.t.lan.sh.fe.li.l

臊嘟 因苏夫一/斯一恩的，囊 泼的 特拦师夫额丽了。

Faça uma transferência de 100 euros para esta conta, por favor.

请往这个卡号中转入100欧元。

fa.sa.wu.ma.t.lan.sh.fe.lan.syi.a.de.sen.en.ei.wu.lu.sh.pa.la.ai.sh.ta.kong.ta.po.l.fa.wo.l

发撒 乌妈 特拦师夫额蓝斯一啊 的 森恩 诶乌噜师 啪啦 爱师它 空它，泼了 发沃了。

O número da sua conta, por favor.

请将您的卡号给我。

wu.nu.me.lu.da.su.a.kong.ta.po.l.fa.wo.l

乌 奴么噜 嗒 素啊 空它，泼了 发沃了。

Aqui está.

在这里。

a.kyi.yi.sh.ta

啊科亿 伊师套。

Assine aqui.

请在这儿签字。

a.syi.ne.a.kyi

啊斯一呢 啊科亿。

 汇款

☺ **Bom dia, queria fazer uma tranferência.**

早上好,我想汇款。

bong.di.a.ke.li.a.fa.zai.l.wu.ma.t.lan.sh.fe.lan.sia

蹦 第啊,科利啊 发在了 乌妈 特拦师夫额蓝斯下。

☺ **Qual é caixa para fazer transferência?**

哪个窗口能办理汇款业务?

kua.wu.ai.a.ka.sh.pa.la.fa.zai.l.t.lan.sh.fe.lan.sia

跨乌 爱 啊 卡沙 啪啦 发在了 特拦师夫额蓝斯下?

☺ **Preencha o formulário de transferência, por favor.**

请填写汇款单。

p.li.en.sha.wu.fo.l.mu.la.liu.de.t.lan.sh.fe.lan.sia.po.l.fa.wo.l

扑哩摁沙 乌 佛了目辣溜 的 特拦师夫额蓝斯下,泼了 发沃了。

☺ **Quando é que vai receber?**

什么时候能汇到?

kuan.du.ai.ke.wai.yi.he.se.bei.l

宽嘟 爱 科 外一 呵瑟被了？

☺ **Qual é a tarifa?**

手续费是多少？

kua.wu.ai.a.ta.li.fa

跨乌 爱 啊 它利发？

☺ **Qual é a tarifa de transferência internacional.**

如果是国际汇款，手续费是多少？

kua.wu.ai.a.ta.li.fa.de.t.lan.sh.fe.lan.sia.yin.te.l.na.siu.nao

跨乌 爱 啊 它利发 的 特拦师夫额蓝斯下 因特了呐斯羞闹？

☺ **Guarde bem este recibo, por favor.**

请妥善保管这份收据。

gua.l.de.bai.en.ei.sh.te.he.syi.bu.po.l.fa.wo.l

瓜了的 拜恩 诶师 的 呵斯一不，泼了 发沃了。

🙍 **Bom dia, queria fazer uma transferência.**

早上好，我想汇款。

bong.di.a.ke.li.a.fa.zai.l.wu.ma.t.lan.sh.fe.lan.sia

蹦 第啊，科利啊 发在了 乌妈 特拦师夫额蓝斯下。

第三部分 情景应急口语

Preencha a proposta de transferência, por favor.

请填写汇款单。

p.li.en.sha.a.p.lu.po.sh.ta.de.t.lan.sh.fe.lan.sia.po.l.fa.wo.l

扑哩摁沙 啊 扑噜破师它 的 特拦师夫额蓝斯下，泼了 发沃了。

Quando vai recebê-la?

什么时候能汇到？

kuan.du.wa.yi.he.sai.bei.la

宽嘟 外一 呵塞被啦？

Vai chegar à conta dele às seis horas à tarde.

下午六点能汇入对方账户。

wa.yi.she.ga.l.a.kong.ta.dai.le.a.zei.yi.zao.la.za.ta.l.de

哇一 蛇尬了 啊 空它 带勒 啊贼一糟啦咂它了的。

兑换货币

☺ **A flutuação cambial está considerável.**

汇率变动很大。

a.f.lu.tu.a.sang.kan.bi.ao.yi.sh.ta.kong.syi.de.la.wei.wu

啊 夫噜凸啊桑 刊逼奥 伊师踏 空斯伊德拉威乌。

☺ **Quer fazer um câmbio?**

是要换钱吗？

kai.l.fa.zai.l.wun.kan.bi.wu

慨了 发在了 乌 看逼乌？

☺ **Quantos quer trocar?**

你要换多少钱？

kuan.tu.sh.kai.l.t.lu.ka.l

宽凸师 慨了 特噜卡了？

☺ **Confirma o valor, por favor.**

请确认一下金额。

kong.fyi.l.ma.wu.wa.lo.l.po.l.fa.w.l

空夫一了吗 乌 哇烙了，泼了 发沃了。

🧑 **Posso ajudar?**

要换钱吗？

po.su.a.zhu.da.l

坡苏 啊朱大了？

🧑 **Queria trocar para 500 euros。**

我想换500欧元。

ke.li.a.t.lu.ca.l.pa.la.kyi.nian.tu.ei.wu.lu.sh

科利啊 特噜卡了 啪啦 科伊拈凸 诶乌噜师。

第三部分 情景应急口语

Preciso do seu passaporte.

我需要看一下您的护照。

p.le.syi.zu.du.sei.wu.pa.sa.po.l.te

扑勒斯伊租 嘟 塞乌 啪撒泼了的。

Aqui, qual é o câmbio?

在这儿，汇率是多少？

a.kyi.kua.wu.ai.wu.kan.biu

啊科亿，跨乌 爱 乌 刊逼乌。

100 RMB para 13,6 euros. Preciso de 3650 Yuan.

100元换13.6欧元。您需要给我3650元。

sen.en.ei.he.ei.me.bei.pa.la.t.lei.ze.wyi.l.gu.la.sei.yi.zei.lu.sh.p.le.syi.zu.de.t.lei.sh.mi.wu.sei.yi.sh.sen.tu.sh.yi.syin.kuan.ta.yuan

森恩 诶啊诶么被 啪啦 特累则 乌一了咕啦 塞一/贼乌嚕师。扑勒/斯伊租 的 特累师 密乌 塞一师森凸师 伊 斯因宽它 元。

(entregue do dinheiro 交钱)

Aqui está, confirma o valor, por favor.

给您，请确认一下金额。

a.kyi.yi.sh.ta.kong.fyi.l.ma.wu.wa.lao.l.po.l.fa.wo.l

啊科亿 伊师踏，空夫伊了吗 乌 哇烙了，泼了 发沃了。

> **Obrigado.**
>
> 好的，谢谢。
>
> o.b.li.ga.du
>
> 哦<u>不</u>哩嘎嘟。

10 在医院

 预约

☺ **O Doutor Ferreira está de plantão amanhã?**

明天是费雷拉医生值班吗？

wu.dou.tou.l.fe.hei.yi.la.yi.sh.ta.de.p.lan.tang.a.ma.ni.an

乌 兜透了 <u>夫额黑衣啦</u> 伊师踏 的 扑拦唐 啊妈腻安？

☺ **Queria ter um exame de saúde.**

我想做个健康检查。

ke.li.a.tai.l.wun.yi.za.me.de.sa.wu.de

科利啊 太了 <u>乌恩</u> 伊呃么 的 撒乌的。

☺ **Posso fazer uma reserva para amanhã?**

能预约明天吗？

po.su.fa.zai.l.wu.ma.he.zai.l.wa.pa.la.a.ma.ni.an

波苏 发在了 乌妈 呵栽了哇 啪啦 啊妈腻安？

第三部分 情景应急口语

☺ **Não há nenhuma reserva livre.**

预约已经满了。

nang.a.nie.niu.ma.he.zai.l.wa.li.v.le

囊 啊 捏妞妈 呵栽了袜 利<u>乌</u>勒。

☺ **Posso ir na proxima segunda-feira?**

下周一去可以吗?

po.su.yi.l.na.p.lao.syi.ma.se.gun.da.fei.yi.la

波苏 亿了 呐 <u>扑捞</u>/<u>斯一</u>妈 瑟棍嗒 飞<u>一</u>啦?

🧑 **Bom dia! É o Centro de Saúde de Oriente.**

早上好! 东方社区医院。

bong.di.a.ai.wu.sen.t.lu.de.sa.wu.de.de.o.li.en.te

蹦 第啊! 爱 乌 森<u>特</u>噜 的 撒乌的 的 哦 哩恩的。

🧑 **Tenho dores de dentes.**

呃,我的牙有点儿痛。

tai.niu.dou.le.sh.de.den.te.sh

太妞 都勒师 的 等的师。

Queria fazer um exame.

想检查一下。

ke.li.a.fa.zai.l.wu.yi.za.me

科利啊 发在了 <u>乌恩</u> 伊咂么。

葡萄牙语翻开就说

Posso fazer uma reserva para amanhã?

能够预约明天吗?

po.su.fa.zai.l.wu.ma.he.zai.l.wa.pa.la.a.ma.ni.an

泼苏 发在了 乌妈 呵栽了哇 啪啦 啊妈腻安?

Assim. Às duas horas da tarde é livre.

这样啊。下午两点还空着。

a.syin.a.sh.du.a.zao.la.sh.da.ta.l.de.ai.li.v.le

啊斯印。啊师 杜啊造啦师 嗒 它了的 爱利乌勒。

Então vou naquele tempo.

那我就那个时候去。

yin.tang.vou.na.kai.le.tan.pu

音唐 乌沤 呐开勒 摊扑。

O seu apelido e número de telefone, por favor.

请告诉我你的姓名和电话号码。

wu.sei.wu.a.pe.li.du.yi.nu.me.lu.de.tai.le.fo.ne.po.l.fa.wo.l

乌 塞乌 啊坡利嘟 伊 奴么噜 的 太勒佛呢, 泼了 发沃了。

挂号

☺ **Efectue a sua inscrição na Admissão de Utentes.**

在病人收诊处登记看诊。

yi.fei.tu.e.a.su.a.yin.sh.k.li.sang.na.a.de.mi.sang.de.wu.tan.te.sh

伊飞凸额 啊 苏啊 因师科哩桑 呐 啊的咪桑 的 乌摊的师。

☺ **Vá àquela gabinete para ser classificado por gravidade de doença。**

去分流处根据紧急程度划分门诊优先级。

wa.a.kai.la.ga.bi.nei.te.pa.la.sei.l.k.la.syi.fyi.ka.du.po.l.ge.la.wyi.da.de.de.du.en.sa

袜 啊开啦 嘎逼内的 啪啦 塞了 科拉斯一/夫一咔嘟 破了 哥啦乌伊大的 的 嘟恩撒。

☺ **Será atribuído uma pulseira com a sua identificação。**

会发给你一个存有个人信息的手环。

se.la.a.t.li.bu.yi.du.wu.ma.pu.sei.yi.la.kong.a.su.a.yin.den.ti.fyi.ka.sang

瑟辣 啊特哩不亿嘟 乌妈 扑塞衣啦 空 啊 素 啊 伊等踢夫一咔桑。

☺ **A cor da sua pulseira indica o grau da sua prioridade.**

你的手环颜色代表了你被救治的优先级。

a.kao.l.da.su.a.pu.sei.yi.la.yin.di.ka.wu.g.lao.da.su.a.p.li.ao.li.da.de

啊 靠了 塔 素啊 扑塞衣啦 因第咔 乌 哥烙 塔 素啊 扑哩凹哩大的。

☺ **Os doentes são atendidos por gravidade de doença e não pela ordem de chegada.**

看诊顺序由紧急程度而不是到医院的顺序决定。

wu.sh.du.en.te.sh.sang.a.tan.di.du.sh.po.l.g.la.wyi.da.de.de.du.en.sa.yi.nang.pai.la.o.l.den.de.she.ga.da

乌师 嘟恩的师 桑 啊摊滴嘟师 破了 哥啦/乌一大的 的 嘟恩撒 伊 囊 拍啦 哦了等 的 蛇嘎嗒．

☺ **Vai ser atendido por um Enfermeiro que lhe atribuirá a "cor".**

护士会对你做初步观察并决定你的手环颜色。

wa.yi.sei.l.a.tan.di.du.po.l.wun.yin.fe.l.mei.yi.lu.ke.lie.a.t.li.bu.yi.la.a.ko.l

哇衣 塞了 啊摊第嘟 破了 乌 音夫额了妹一噜科 咧啊特哩不一辣啊靠了。

☺ **As cores são vermelho, laranja, amarelo, verde e azul.**

手环颜色依次是红、橙、黄、绿、蓝。

a.sh.kao.l.sh.sang.ve.l.mai.liu.la.lan.zha.a.ma.lai.lu.wai.l.de.yi.a.zu.wu

啊师 靠了师 桑 乌额了麦溜，啦拦扎，啊妈来噜，歪了的 伊 啊组乌。

☺ **É urgente, por favor aguarde na sala de espera e o médico vai chamar o seu nome.**

需要及时就诊，请在大厅等候，医生会叫你的名字。

ai.wu.l.zhen.te.po.l.fa.wo.l.a.gua.l.de.na.sa.la.de.yi.sh.pai.la.yi.wu.mai.di.ku.wa.yi.sha.ma.l.wu.sei.

wu.no.me

爱 乌了真的，泼了 发沃了 啊瓜了的 呐 撒 啦 的 伊师拍啦 伊 乌 麦滴哭 哇衣 沙骂了 乌 瑟乌 弄么。

☺ **É pouco urgente, por favor aguarde na sala de espera a sua vez.**

情况不太紧急，轮到你之前请在大厅等候。

ai.po.ku.wu.l.zhen.de.po.l.fa.wo.l.a.gua.l.de.na.sa.la.de.yi.sh.pai.la.a.su.a.wai.sh

爱 泼哭 乌了真的，泼了 发沃了 啊瓜了的 呐 撒啦 的 伊师拍啦 啊 素啊 外师。

 会话

- **Onde faço a inscrição?**

  请问在哪里登记？

  ong.de.fa.su.a.yin.sh.k.li.sang

  翁的 发苏 啊 因师科哩桑？

- **Aí.**

  在那边。

  a.yi

  啊意。

- **Onde é que fazem a triagem da prioridade?**

  分流处在哪里？

ong.de.ai.ke.fa.zan.a.t.li.a.zhen.da.p.li.ao.li.da.de

翁的 爱 科 发簪 啊 特哩啊真 嗒 扑哩凹哩大的？

🗣 **Naquele gabinete.**

那一间就是。

na.kei.le.ga.bi.nei.te

呐开了 嘎比内的。

（Na gabinete da triagem在分流处）

🗣 **É emergente e precisa de entrar de imediato no balcão de atendimento.**

是急诊，你需要马上进诊室。

ai.yi.me.l.zhen.te.yi.p.le.syi.za.de.en.t.la.l.de.yi.me.di.a.tu.nu.bao.kang.de.a.tan.di.men.tu

爱 伊么了真的 伊 扑勒/斯伊咂 的 恩特辣了 的 伊么滴啊凸 奴 包康 的 啊摊滴闷凸。

就诊

☺ **Fui mordido por uma serpente.**

我被蛇咬了。

fu.yi.mu.l.di.du.po.l.wu.ma.se.l.pen.te

付一 目了滴嘟 波了 乌妈 瑟了喷的。

☺ **Dói-me o estômago.**

我胃疼。

dou.yi.me.wu.yi.sh.to.ma.gu
豆一么 乌 伊师透妈咕。

☺ **Apanhei um escaldão.**

我被晒伤了。

a.pa.nie.yi.wun.yi.sh.kao.dang
啊啪捏衣 乌 伊师靠当。

☺ **Dói-me a garganta e tenho muita tosse.**

我嗓子疼，还总咳嗽。

dou.yi.me.a.ga.l.gan.ta.yi.tai.niu.mu.yi.ta.to.se
豆一么 啊 嘎了甘它 伊 台妞 目一它 透瑟。

☺ **Preciso de medir a sua tensão.**

我要给你量一下血压。

p.le.syi.zu.de.me.di.l.a.su.a.tan.sang
扑勒/斯一租 的 么第了 啊 素啊 摊桑。

☺ **Há quanto tempo está doente?**

病了多长时间了？

a.kuan.tu.tan.pu.yi.sh.ta.du.en.te
啊 宽凸 摊扑 伊师踏 嘟恩的？

☺ **Tenho dor de estômago.**

我胃痛。

tai.niu.dou.l.de.yi.sh.tou.ma.gu
太妞 豆了 的 伊师透妈咕。

☺ **É melhor ficar em hospital.**

住院比较好。

ai.me.liao.l.fyi.ka.l.en.o.sh.pi.tao

爱 么廖了 夫一卡了 恩 哦师批套。

☺ **Não é necessário ter a cirurgia.**

没必要做手术。

nang.ai.ne.se.sa.liu.tai.l.a.syi.lu.l.zhyi.a

囊 爱 呢瑟萨溜 太了 啊 斯一噜了之亿啊。

☺ **Não tenho esforço e sinto-me frio.**

我浑身无力并且觉得冷。

nang.tai.niu.yi.sh.fo.l.su.yi.syin.tu.me.f.liu

囊 太妞 伊师佛了苏 伊 斯因凸么 夫六。

☺ **Descanse-se bem.**

好好休息。

de.sh.kan.se.se.bai.en

的师看瑟瑟 拜恩。

☺ **Vai ficar bem depois de tomar o remédio.**

喝了药就没事了。

wa.yi.fyi.ka.l.bai.en.de.po.yi.sh.de.tu.ma.l.wu.he.mai.diu

哇一 夫一卡了 拜恩 的破一师 的 凸骂了 乌 呵麦丢。

第三部分 情景应急口语

Você está pálida.

你脸色不好啊。

vou.sei.yi.sh.ta.pa.li.da

乌沤塞 伊师踏 怕哩嗒。

O que foi?

怎么了？

wu.ke.fo.yi

乌 科 佛一？

Não tenho apetite recentemente.

最近既没有食欲。

nang.tai.niu.a.pe.ti.te.he.sen.te.men.te

囊 太妞 啊坡替的 呵森的闷的。

Quero sempre vomitar.

还想吐。

kai.lu.sen.p.le.wu.mi.ta.l

开噜 森扑勒 乌咪踏了。

Há quanto tempo?

持续多久了？

a.kuan.tu.tan.pu

啊 宽凸 摊扑？

🧑 **Cerca de uma semana.**

一周左右。

sai.l.ka.de.wu.ma.se.ma.na

塞了咔 的 乌妈 瑟骂呐。

🧑 **Vou-lhe examinar. Parabéns!**

我检查下。可喜可贺!

vou.lie.yi.za.mi.na.l.pa.la.bai.en.sh

乌沤咧 伊咂咪那了。啪啦拜恩师!

Está grávida.

您怀孕了。

yi.sh.ta.g.la.wyi.da

伊师踏 哥辣/乌一嗒。

🧑 **Sério? Obigada.**

真的吗? 谢谢您。

sai.liu.o.b.li.ga.da

赛溜? 哦不哩嘎嗒。

 付费

☺ **Pague primeiro e depois busque os remédios.**

请先付款再取药。

pa.ge.p.li.mei.yi.lu.yi.de.po.yi.sh.bu.sh.ke.wu.sh.he.mai.diu.sh

第三部分 情景应急口语

啪哥 扑哩妹一噜 伊 的破一师 不师科 乌师 呵麦丢师。

☺ **Onde é que faço o pagamento?**

在哪儿付款?

ong.de.ai.ke.fa.su.wu.pa.ga.men.tu

翁的 爱 科 发苏 乌 啪嘎闷凸?

☺ **A caixa é na sala do primeiro piso.**

收银台在一层大厅。

a.ka.yi.sha.ai.na.sa.la.du.p.li.mei.yi.lu.pi.zu

啊 卡一沙 爱 呐 萨拉 嘟 扑哩妹衣噜 批租。

☺ **Deixe-me ver a receita, por favor.**

请让我看一下处方单。

dei.she.me.wei.l.a.he.sei.yi.ta.po.l.fa.wo.l

嘚蛇么 胃了 啊 呵塞一它,泼了 发沃了。

☺ **É 10 euros em total.**

一共是10欧元。

ai.dai.zei.wu.lu.sh.en.tu.tao

爱 带贼乌噜师 恩 凸套。

☺ **Aqui está o recibo.**

这是收据。

a.kyi.yi.sh.ta.wu.he.syi.bu

啊科亿 伊师踏 乌 呵斯一不。

🟤 **Bom dia. Quero fazer o pagamento.**
早上好。我付款。

bong.di.a.kai.lu.fa.zai.l.wu.pa.ga.men.tu

蹦 第啊，开噜 发在了 乌 啪嘎闷凸。

🟤 **Deixe-me ver a receita, por favor.**
请让我看一下处方单。

dei.yi.she.me.wei.l.a.he.sei.yi.ta.po.l.fa.wo.l

嘚一蛇么 胃了 啊 呵塞一它，泼了 发沃了。

É 10 euros em total.
一共是10欧元。

ai.dai.zei.wu.lu.sh.en.tu.tao

爱 带贼乌噜师 恩 凸套。

🟤 **Aqui está 10 euros.**
这是10欧元。

a.kyi.yi.sh.ta.dai.zei.wu.lu.sh

啊 科亿 伊师踏 带贼乌噜师。

🟤 **Aguarde bem o recibo, por favor.**
请妥善保管收据。

a.gua.l.de.bai.en.wu.he.syi.bu.po.l.fa.wo.l

啊瓜了的 拜恩 乌 呵斯一不，泼了 发沃了。

☺ **Desejo buscar os meus remédios.**

我想取药。

de.zai.zhu.bu.sh.ka.l.wu.sh.mei.wu.sh.he.mai.diu.sh

的在朱 不师卡了 乌师 妹乌师 呵麦丢师。

☺ **A receita e o recibo, por favor.**

请给我处方单和收据。

a.he.sei.yi.ta.yi.wu.he.syi.bu.po.l.fa.wo.l

啊 呵塞衣它 伊 乌 呵斯一不，泼了 发沃了。

☺ **Tome este medicamento três vezes por dia.**

这种药一日喝三次。

tou.me.ei.sh.te.me.di.ka.men.tu.t.lei.sh.wai.ze.sh.po.l.di.a

透么 诶师的 么滴咔闷凸 特累师 外则师 泼了 第啊。

☺ **Tome o remédio antes de refeição.**

需空腹吃药。

tou.me.wu.he.mai.diu.an.te.sh.de.he.fei.sang

透么 乌 呵麦丢 安的师 的 呵飞桑。

☺ **Três tabelas por cada vez.**

一次三片。

t.lei.sh.ta.bei.la.sh.po.l.ka.da.wai.sh

特累师 它被啦师 泼了 咔嗒 外师。

☺ **Siga as instruções.**

按照说明书服用。

syi.ga.a.zyin.sh.t.lu.song.yi.sh

斯一嘎 啊滋阴师特噜/送一师。

Desejo buscar os meus remédios.

我想取药。

de.zai.zhu.bu.sh.ka.l.wu.sh.mei.wu.sh.he.mai.diu.sh

的在朱 不师卡了 乌师 妹乌师 呵麦丢师。

A receita e o recibo, por favor.

请给我处方单和收据。

a.he.sei.yi.ta.yi.wu.he.syi.bu.po.l.fa.wo.l

啊 呵塞一它 伊 乌 呵斯一不，泼了 发沃了。

Estão todos aqui.

药齐了。

yi.sh.tang.tou.du.za.kyi.

伊师唐 透嘟哑科亿。

Siga as instruções do seu médico.

请遵照医嘱服用。

syi.ga.a.zyin.sh.t.lu.sang.yi.sh.du.sei.wu.mai.di.ku

斯一嘎 啊滋阴师特噜/送一师 嘟 塞乌 麦滴哭。

Obrigado.

谢谢您。

o.b.li.ga.du

哦不哩嘎嘟。

11 遇到麻烦时

☺ **Estou perdido.**

我迷路了（男性说）。

yi.sh.tou.pe.l.di.du

伊师透 坡了第嘟。

☺ **Estou perdida.**

我迷路了（女性说）。

yi.sh.tou.pe.l.di.da

伊师透 坡了第嗒。

☺ **Onde estamos?**

这是哪儿？

ong.de.yi.sh.ta.mu.sh

翁的 伊师踏目师?

☺ **É a primeira vez que venho.**

我第一次来这儿。

ai.a.p.li.mei.yi.la.wai.sh.ge.vei.niu.a.kyi

爱 啊 扑哩妹一啦 外师 哥 外牛 啊科亿。

☺ **Onde é o próximo metrô?**

最近的地铁在哪儿?

ong.de.ai.wu.p.lao.syi.mu.me.t.lao

翁的 爱 乌 扑捞/斯一目 么特烙?

☺ **Qual é o caminho para o Hotel de Pequim?**

怎样才能去北京饭店呢?

kua.wu.ai.wu.ka.mi.niu.pa.la.wu.o.tai.wu.de.pe.kyin

跨乌 爱 乌 咔密妞 啪啦 乌 哦太乌 的 坡科印?

☺ **Podia me dar um mapa?**

您能给我张地图吗?

pu.di.a.me.da.l.wun.ma.pa

扑第啊 么 大了 乌恩 妈啪?

☺ **Há autocarro que passa por aqui?**

有公交车经过这儿吗?

第三部分 情景应急口语

a.ao.tu.ka.hu.ke.pa.sa.po.l.a.kyi

啊 凹凸卡呼 科 啪撒 泼了 啊科亿?

Bom dia, onde estamos?

早上好，这是哪儿？

bong.di.a.ong.de.yi.sh.ta.mu.sh

蹦 第啊，翁的 伊师它目师？

Avenida da Amizade.

友谊大街。

a.ve.ni.da.da.a.mi.za.de

啊乌额尼嗒 嗒 啊咪嗱的。

Desculpe, estou perdida.

对不起，我迷路了。

de.sh.ku.pe.yi.sh.tou.pe.l.di.da

的师哭坡，伊师透 坡了第嗒

Qual é o caminho para o Centro Comercial de Oriente?

怎样能去东方商城呢？

kua.wu.ai.wu.ka.mi.niu.pa.la.wu.sen.t.lu.
ku.me.l.syi.ao.de.o.li.en.te

跨乌 爱 乌 咔密妞 啪啦 乌 森特噜 哭么

了斯一奥 的 哦哩恩的？

🧒 **500 metros para oeste a partir daqui。**

从这里向西走五百米。

kyi.nian.tu.sh.mai.t.lu.sh.pa.la.o.ei.sh.te.a.pa.l.ti.l.da.kyi

科一年凸师 麦特噜师 啪啦 哦谅师的 啊啪了替了 嗒科亿

Vai ver uma estação de metrô, apanhe-o, Vai custá-lhe cerca de 30 minutos para chegar.

有地铁站。乘地铁30分钟左右就能到。

wai.yi.wei.l.wu.ma.yi.sh.ta.song.de.me.t.lao.a.pa.nie.wu.Wai.yi.ku.sh.ta.lie.sai.l.ka.de.t.lin.ta.mi.nu.tu.sh.pa.la.she.ga.l

外一 胃了 乌妈 伊师它桑 的 么特烙，啊啪捏乌 外一 哭师踏咧 塞了咔 的 特林它 咪奴凸师 啪啦 蛇尬了。

🧒 **Muito obrigada!**

多谢！

mu.yi.tu.o.b.li.ga.da

目一凸 哦不哩嘎嗒！

☺ **Ajuda!**

救命！

a.zhu.da

啊住嗒!

☺ **Fogo!**

着火了!

fo.gu

佛咕!

☺ **Ele está a suicidar!**

有人要自杀!

ei.le.yi.sh.ta.a.su.yi.syi.da.l

诶勒 伊师踏 啊 苏一斯一大了!

☺ **Ele caiu na água.**

有人落水了。

ei.le.ka.yi.wu.na.a.gua

诶勒 咔亿乌 呐 啊瓜。

☺ **Ladrão!**

小偷!

la.d.lang

啦的浪!

☺ **Ele desmaiou!**

有人晕倒了!

ei.le.de.sh.mai.yi.ou

诶勒 的师麦一沤!

> **Ajuda! Ele está a saltar daquele topo!**
>
> 救命啊！有人想从那栋公寓顶上跳下来！
>
> a.zhu.da.ei.le.yi.sh.ta.a.sao.ta.l.da.kei.le.tou.pu
>
> 啊住嗒！诶勒 伊师踏 啊 骚踏了 嗒开勒 偷扑！
>
> **O meu Deus! Chame a polícia.**
>
> 不得了了！赶快报警去。
>
> wu.mei.wu.dei.wu.sh.sha.me.a.pu.li.sia
>
> 乌 妹乌 嘚乌师！杀么 啊 扑利斯下。

☺ **Fui roubado.**

我被盗了（男性用语）。

fu.yi.hou.ba.du

付一 后罢嘟。

☺ **Fui roubada.**

我被盗了（女性用语）。

fu.yi.hou.ba.da

付一 后罢嗒。

第三部分 情景应急口语

☺ **Fui roubado e perdi todo o meu dinheiro.**

我所有的现金都被偷了。

fu.yi.hou.ba.du.yi.pe.l.di.tou.du.wu.mei.wu.di.nie.yi.lu

<u>付一</u> 后罢嘟 伊 坡了第 透嘟 乌 妹乌 滴<u>捏衣噜</u>。

☺ **Fui roubado e perdi a minha carteira.**

我的钱包被偷了。

fu.yi.hou.ba.du.yi.pe.l.di.a.mi.ni.a.ka.l.tei.yi.la

<u>付一</u> 后罢嘟 伊 坡了第 啊 密尼啊 咔了忒衣啦。

☺ **Perdi as jóias.**

我的首饰丢了。

pe.l.di.a.sh.zhao.yi.a.sh

坡了第 啊师 <u>照一</u>啊师。

☺ **Perdi todo o meu dinheiro e os cartões de crédito.**

我的钱和信用卡全部不见了。

pe.l.di.tou.du.wu.mei.wu.di.nie.yi.lu.yi.sh.ka.l.tong.yi.sh.de.k.lai.di.tu

坡了第 透嘟 乌 妹乌 滴<u>捏衣噜</u> 伊 乌师 咔了<u>通一</u>师 的 科来滴凸。

☺ **Chame a polícia.**

给警察局打电话。

sha.me.a.pu.li.sia

沙么 啊 扑利斯<u>下</u>。

O meu Deus! Perdi a minha carteira!

天呐！我的钱包不见了！

wu.mei.wu.dei.wu.shi.po.l.di.a.mi.ni.a.ka.l.tei.yi.la.

乌 妹乌 嘚乌师！坡了第 啊 密尼啊 咔了忒衣啦。

Ops? O que tem nela?

啊？里面放什么了？

o.po.si.wu.ke.tan.yi.nai.la.

哦坡斯？乌 科 摊一 奈啦

O meu passaporte.

护照在里面啊。

wu.mei.wu.pa.sa.po.l.de.

乌 妹乌 啪撒泼了的。

Tá ruido, vá à polícia agora.

糟了，赶快去警察局吧。

ta.hu.yi.hu.wa.a.pu.li.sia.a.gao.la

踏 呼姨嘟，袜 啊 扑利斯下 啊高啦。

第三部分 情景应急口语

在警察局

☺ **O que se chama?**

你叫什么名字?

wu.ke.se.sha.ma

乌 科 瑟 沙吗?

☺ **Qual é a sua nacionalidade?**

国籍是哪里?

kua.wu.ai.a.su.a.na.siu.na.li.da.de

跨乌 爱 啊 素啊 呐斯羞呐哩大的?

☺ **O que aconteceu?**

发生什么事情了?

wu.ke.a.kong.te.sei.wu

乌 科 啊空特塞乌?

☺ **Deixe-me ver o seu passaporte, por favor.**

请出示护照。

dei.yi.she.me.wei.l.wu.sei.wu.pa.sa.po.l.te.po.l.fa.wo.l

嘚衣蛇么 胃了 乌 赛乌 啪撒波了的，波了发沃衣了。

☺ **Escreva o seu número de telefone e endereço, por favor.**

请写下电话号码和地址。

yi.sh.k.lai.wa.wu.sei.wu.nu.me.lu.de.te.le.fo.ne.yi.

yin.de.lai.su.po.l.fa.wo.l

伊师科来哇 乌 塞乌 奴么噜 的 特勒佛呢 伊音德来苏，泼了 发沃了。

☺ **Vou-lhe contactar logo que o encontrarmos.**

找到后马上联系您。

vou.lie.kong.ta.ta.l.lao.gu.ke.wu.yin.kong.t.la.l.mu.sh

乌沤咧 空它踏了 捞咕 科 乌 音空特辣了 目师。

☺ **Um dos meus amigos está perdido.**

我有朋友下落不明。

wun.du.sh.mei.wu.za.mi.gu.sh.yi.sh.ta.pe.l.di.du

乌恩 嘟师 妹乌 啘密咕师 伊师踏 坡了第嘟。

☺ **Perdi o meu telefone.**

手机不见了。

pe.l.di.wu.mei.wu.te.le.fo.ne

坡了第 乌 妹乌 特勒佛呢。

 会话

🙍 **Bom dia! Fui roubada!**

早上好！我被抢了！

bong.di.a.fu.yi.hou.ba.da

蹦 第啊！付一 后罢嗒。

第三部分 情景应急口语

Fale devagar.

慢慢说。

fa.le.de.wa.ga.l

发勒 的哇尬了。

Tá bem. Quando estava a sair de um Café,

好。我刚才离开咖啡厅时,

ta.bai.en.kuan.tu.yi.sh.ta.wa.a.sa.yi.l.de.wun.ka.fei

踏 拜恩。宽嘟 伊师踏哇 啊 撒亿了 的 乌恩 咔费,

Um homen roubou a minha mala.

一个男人把我的包抢走了。

wun.o.men.hou.bou.a.mi.ni.a.ma.la

乌恩 哦闷 后不沤 啊 密尼啊 骂啦。

O seu número de telefone e endereço, por favor.

请留下电话号码和地址。

wu.sei.wu.nu.me.lu.de.te.le.fo.ne.yi.yin.de.lai.
su.po.l.fa.wo.l

乌 塞乌 奴么噜 的 特勒佛呢 伊 音的来苏, 波了 发沃了。

Vou-lhe notar se sabermos algo sobre o seu caso.

有什么事情我们会通知你。

vou.lie.nu.ta.l.se.sa.bai.l.mu.zao.gu.sou.b.le.
wu.sei.ka.zu

乌沤咧 奴踏了 瑟 撒拜了目造咕 搜不勒 乌 塞乌 卡租。

葡萄牙语翻开就说

12 商务用语

☺ **Conselho de Administração.**

董事会。

kong.sai.liu.de.a.de.mi.ni.sh.t.la.sang

空赛溜 的 啊的咪尼师特拉桑。

☺ **Departamento Financeiro.**

财务部。

de.pa.l.ta.men.tu.fyi.nan.sei.yi.lu

的啪了它闷凸 夫一南塞衣噜。

☺ **Departamento de Vendas.**

营业部。

de.pa.l.ta.men.tu.de.wen.da.sh

的啪了它闷凸 的 问嗒师。

☺ **Departamento de Apoios Gerais.**

总务部。

de.pa.l.ta.men.tu.de.a.po.yi.yo.sh.zhe.la.yi.sh

的啪了它闷凸 的 啊破一哟师 遮拉一师。

☺ **Departamento Pessoal.**

人事部。

de.pa.l.ta.men.tu.pe.su.ao

的啪了它冈凸 坡苏奥。

☺ **Departamento de Planejamento.**

企划部。

de.pa.l.ta.men.tu.de.p.la.ne.zha.men.tu

的啪了它冈凸 的 扑啦呢扎冈凸。

☺ **Sindicato.**

工会。

syin.di.ka.tu

斯因滴卡凸。

> 👦 **Senhor Pereira, que departamentos tem a sua empresa?**
>
> 佩雷拉先生,你们公司有什么部门?
>
> syi.niao.l.pe.lei.la.ke.e.pa.l.ta.men.tu.sh.tan.yi.a.su.a.yin.p.lai.za
>
> 斯一尿了 坡雷啦,科 的啪了它冈凸师 推一 啊 素啊 音扑来咂?
>
> 👧 **Departamento financeiro, de apoios gerais, de pessoal, e de vendas.**
>
> 有财务部、总务部、人事部、营业部。

de.pa.l.ta.men.tu.fyi.nan.sei.yi.lu.de.a.po.yi.yo.
sh.zhe.la.yi.sh.de.pe.su.ao.yi.de.wen.da.sh

的啪了它闷凸 夫一南塞一噜，的 啊破一哟
师 拉一师，的 坡苏奥，伊 的 问嗒师。

Qual é o seu departamento?

您在哪个部门工作？

kua.ai.wu.sei.wu.de.pa.l.ta.men.tu

跨乌 爱 乌 塞乌 的啪了它闷凸？

É o pessoal.

在人事部。

ai.wu.pe.su.ao

爱 乌 坡苏奥。

头衔

☺ **Gerente geral.**

总经理。

zhe.lan.te.zhe.lao

遮拦的 遮烙。

☺ **Gerente assistante.**

副经理。

zhe.lan.te.a.syi.sh.tan.te

遮拦的 啊斯一师摊的。

第三部分 情景应急口语

☺ **Gerente Geral da Filial Brasileira.**

巴西分公司总经理。

zhe.lan.te.zhe.lao.da.fyi.li.ao.b.la.zyi.lei.la

遮拦的 遮烙 嗒 夫一哩奥 不拉/滋一类啦。

☺ **Presidente do Conselho de Administração.**

董事长。

p.le.zyi.den.te.du.kong.sai.liu.de.a.de.mi.ni.sh.t.la.sang

扑勒/滋一等的 嘟 空赛溜 的 啊的咪尼师特拉桑。

☺ **Director Gerente..**

常务董事。

di.lei.tou.l.zhe.lan.te

滴嘞透了 遮拦的。

☺ **Director.**

部长/厂长/主任。

di.lei.tou.l

滴嘞透了。

☺ **Gerente.**

主管。

zhe.lan.te

遮拦的。

☺ **Funcionário.**

男性职员。（政府机关的）

fun.siu.na.liu

夫恩/斯羞那溜。

☺ Funcionária.

女性职员。（政府机关的）

fun.siu.na.lia

夫恩/斯羞那俩。

☺ Empregado.

男性职员。（公司的）

en.p.le.ga.du

恩扑勒尬嘟。

☺ Empregada.

女性职员。（公司的）

en.p.le.ga.da

恩扑勒尬嗒。

☺ Chefe do Departamento.

部门负责人。

shai.fe.du.de.pa.l.ta.men.tu

筛夫额 嘟 的啪了它冈凸。

☺ Chefe.

领导。

shai.fe

筛夫额。

第三部分 情景应急口语

Parabéns pela a promoção.

祝贺你升职了。

pa.la.bai.en.sh.pei.la.a.p.lu.mu.sang

啪啦拜恩师 配啦 啊 扑噜目桑。

Obrigado.

谢谢。

o.b.li.ga.du

哦不哩尬嘟。

商务咨询

☺ **Quando e onde acontecerá o lançamento do novo produto?**

新品发布会在何时何地进行?

kuan.tu.yi.ong.de.a.kong.te.se.la.wu.lan.sa.men.tu.du.nao.wu.p.lu.du.tu

宽嘟 伊 翁的 啊空特瑟辣 乌 拦撒闷凸 嘟孬乌 扑噜杜凸?

☺ **Quais são as vantagens?**

有什么优点?

kua.yi.sh.sang.a.sh.wan.ta.zhen.sh

跨一师 桑 啊师 弯它真师?

葡萄牙语翻开就说

☺ **Quais são as funções novas?**

有什么新功能？

kua.yi.sh.sao.a.sh.fun.song.yi.sh.nao.wa.sh

<u>跨一师</u> 臊 啊师 <u>夫恩/送一师</u> 孬哇师？

☺ **Qual é o período de utilização.**

使用期限是多久？

kua.wu.ai.wu.pe.li.wu.du.de.wu.ti.li.za.sang

<u>跨乌</u> 爱 乌 坡利乌嘟 的 乌踢利咂桑？

☺ **Suporte gratuito de manutenção e reparo se acontecer qualquer falha em três anos.**

三年之内出现故障，免费保养维修。

su.po.l.te.g.la.tu.yi.tu.de.ma.nu.tan.sang.yi.he.pa.lu.se.a.kong.te.sai.l.kua.wu.kai.l.fa.lia.en.t.lei.za.nu.sh

苏泼了的 哥啦<u>图一凸</u> 的 妈呶摊桑 伊 呵怕噜 瑟 啊空特塞了 <u>夸乌</u>慨了 发俩 恩 <u>特累</u>咂奴师。

☺ **É garantido o devolvimento dentro de um ano.**

一年内出现问题包换。

ai.ga.lan.ti.du.wu.de.wo.wyi.men.tu.den.t.lu.de.wun.a.nu

爱 嘎拦替嘟 乌 的沃<u>乌一门</u>凸 等<u>特噜</u> 的 <u>乌恩</u> 啊呶。

☺ **Não há nenhum imperfeito?**

难道就没有不完善的地方吗?

nang.a.nie.niu.en.yin.pe.l.fei.yi.tu

囊 啊 捏扭恩 因坡了飞衣凸?

☺ **Qual é o preço?**

价位如何?

kua.wu.ai.wu.p.lai.su

跨乌 爱 乌 扑来苏?

> **Bom dia! Queria conhecer as funções novas do último modelo de telefone.**
>
> 早上好,我想了解一下新款手机的功能。
>
> bong.di.a.ke.li.a.ku.nie.sei.l.a.sh.fun.song.yi.sh.nao.wa.sh.du.wu.ti.mu.mu.dai.lu.de.te.le.fo.ne
>
> 蹦 第啊!科利啊 哭捏塞了 啊师 夫恩/送 一师 孬哇师 嘟 乌踢目 目带噜 的 特勒 佛呢。
>
> **Tá bom. Vou-lhe mostrar.**
>
> 好的。我为您说明。
>
> ta.bong.vou.lie.mu.sh.t.la.l

踏 蹦。乌沤咧 目师特辣了。

Além das funções normais,

它除了普通手机的功能外。

a.lan.en.da.sh.fun.song.yi.sh.nu.l.ma.yi.sh

啊烂恩 嗒师 夫恩/送一师 奴了妈一师.

Tem a função como telemóvel é de navegação.

还有电视电话、导航功能。

tan.yi.a.fun.sang.kong.mu.te.le.mo.wei.o.ai.de.na.ve.ga.sang

摊一 啊 夫恩桑 空目 特勒莫威哦 爱 的 呐乌额嘎桑。

Também suporte as cartões de créditos.

也有信用卡功能。

tan.bai.en.su.po.l.te.a.sh.ka.l.tang.yi.sh.de.k.lai.di.tu.sh

摊拜恩 苏泼了的 啊师 咔了通一师 的 科来滴凸师。

Parece que é um bom produto.

感觉是一款不错的产品啊。

pa.lai.se.ke.ai.wun.bong.p.lu.du.tu

啪来瑟 科 爱 乌恩 蹦 扑噜杜凸。

第三部分 情景应急口语

商务谈判

☺ **Como acha deste preço?**

这个价位怎么样?

kong.mu.a.sha.dei.sh.te.p.lai.su

空目 啊沙 嘚师的 扑来苏?

☺ **É impossível.**

这个价位不可能。

ai.yin.pu.syi.wei.o

爱 因扑斯伊威哦。

☺ **Vou comprar mil equipamentos se for este preço.**

如果出这个价,我买一千台。

vou.kong.p.la.l.mi.wu.yi.kyi.pa.men.tu.sh.se.fo.l.ei.sh.te.p.lai.su

乌沤 空扑辣了 密乌 伊科一啪闷凸师 瑟 佛 了 诶师的 扑来苏。

☺ **Pode ser mais barato?**

能稍微再便宜点儿吗?

po.de.sei.l.ma.yi.sh.ba.la.tu

波的 塞了 妈一师 吧辣凸?

☺ **Não se preocupe com a qualidade dos nossos produtos.**

敝公司的商品请放心。

nang.se.p.li.o.ku.pe.a.kua.li.da.de.du.sh.nao.su.sh.p.lu.du.tu.sh

囊 瑟 扑哩哦库坡 啊 夸哩大的 嘟师 孬苏师 扑噜杜凸师。

© **Pode exprimentar este tipo de máquina.**

您可以试用这种机器。

po.de.yi.sh.p.li.men.ta.l.ei.sh.te.ti.pu.de.ma.kyi.na

泼的 伊师 扑哩 闷踏了 诶师的 替扑 的 骂科 一呐。

Como acha deste preço?

这个价位怎么样？

kong.mu.a.sha.dei.sh.te.p.lai.su

空目 啊沙 嘚师的 扑来苏？

Não pode ser.

不行。

nang.po.de.sei.l

囊 泼的 塞了。

Vou comprar mil deste neste preço.

如果出这个价，我买一千台。

vou.kong.p.la.l.mi.wu.dei.sh.te.nei.sh.te.p.lai.su

乌沤 空扑辣了 密乌 嘚师特 内师的 扑来苏。

Assim...

这样啊……（考虑中）

a.syin

啊斯印

☺ **Então está combinado.**

我们就这样谈好了。

yin.tang.yi.sh.ta.kong.bi.na.du

音唐 伊师踏 空逼那嘟。

☺ **Vamos assinar um contrato.**

签订合同吧。

wa.mu.za.syi.na.l.wun.kong.t.la.tu

袜目咂斯一那了 乌恩 空特辣凸。

☺ **Assine no contrato, por favor.**

请在合同上签字。

a.syi.ne.nu.kong.t.la.tu.po.l.fa.wo.l

啊斯一呢 奴 空特辣凸，泼了 发沃了。

☺ **Carimbe no contrato, por favor.**

请在合同上盖章。

ka.lin.be.nu.kong.t.la.tu.po.l.fa.wo.l

咔林波 奴 空特辣凸,泼了 发沃了。

☺ **Siga os artigos do contrato.**

遵照合同约定。

syi.ga.wu.za.l.ti.gu.sh.du.kong.t.la.tu

斯一嘎 乌咂了替咕师 嘟 空特辣凸。

☺ **Nos contacte se acontecer qualquer coisa.**

如果有什么事情,请联系我们。

nu.sh.kong.ta.te.se.a.kong.te.sei.l.kua.wu.kai.l.kao.yi.za

奴师 空他的 瑟 啊空特塞了 夸乌慨了 靠一咂。

Então vamos assinar o contrato.

那我们就签约吧。

yin.tang.wa.mu.za.syi.na.l.wu.kong.t.la.tu

音唐 哇目咂斯一那了 乌 空特辣凸。

Tá bom. Vamos o seguir.

好的。我们一起遵守协议。

ta.bong.wa.mu.zu.se.gyi.l

踏 蹦。 林目租 瑟哥亿了。

第三部分 情景应急口语

🔸 **Esta cooperação com a vossa empresa é uma alegria.**

这次与贵公司合作非常愉快。

ai.sh.ta.ku.o.pe.la.sang.kong.a.vou.sa.yin.p.lai.za.ai.wu.ma.a.lai.g.li.a

艾师它 哭哦坡啦桑 空 啊 乌沤撒 音扑来 咂 爱 乌妈 啊来哥利啊。

🔸 **Para nós também.**

对我们也是呢。

pa.la.nao.sh.tan.bai.en

啪啦 闹师 摊拜恩。

第四部分

附 录

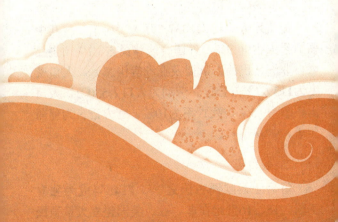

01 葡萄牙情况简介

☐ 国土组成

葡萄牙共和国（葡萄牙语：República Portuguesa），简称"葡萄牙"，是一个位于欧洲西南部的共和制国家。东邻同处于伊比利亚半岛的西班牙，葡萄牙的西部和南部是大西洋的海岸。除了欧洲大陆的领土以外，大西洋的亚速尔群岛和马德拉群岛也是葡萄牙领土。葡萄牙首都里斯本以西的罗卡角是欧洲大陆的最西端。

☐ 国家代表

国旗是左绿右红的长方形旗，国歌是《葡萄牙人》，国花是薰衣草和石竹。主要河流有特茹河、杜罗河和蒙德古河。

☐ 人口及分布

葡萄牙人口约为1037.5万（2014年）。其中葡萄牙人占96.9%，外国合法移民占3.1%（主要来自非洲、巴西、欧盟及亚洲等国家）。人口密度为113人/平方公里。劳动力人口为530万，人口出生率为9.5‰，死亡率为10‰。官方语言为葡萄牙语。

☐ 发展简史

葡萄牙是欧洲古国之一。1143年成为独立王国。15、16世纪在非、亚、美洲建立大量殖民

第四部分 附录

地，成为海上强国。1580年曾被西班牙吞并，1640年摆脱西班牙统治。18世纪末，法国拿破仑军队入侵葡萄牙，1811年葡萄牙在英国的帮助下赶走法国军队。1820~1910年确立君主立宪制。1910年10月成立共和国。1926年5月建立军人政府，开始"新政"。1932年萨拉查就任总理，实行法西斯独裁统治。1974年4月25日，一批中下级军官组成的"武装部队运动"推翻极右政权，开始民主化进程，同时放弃在非洲的葡属殖民地，葡萄牙正式成为西方民主制度国家。1986年1月1日加入欧共体，1999年成为首批加入欧元区的国家。

❏ 国家制度及政党

议会制共和国。权力机关包括总统、议会、内阁政府，总统依照议会决定任免政府首脑。系联合国、欧盟、北约组织和世贸组织成员。实行多党制，主要政党有社会党、社会民主党、左翼集团、人民党、葡萄牙共产党、绿党和人动物自然党等。

❏ 行政划分

葡萄牙的行政区划确立于康乃馨革命后制定的1976年《葡萄牙宪法》，共分为行政区（Distrito）、市政区（Concelho）、民政区（Freguesia）三级。葡萄牙全国共有18个行政区以及2个海外自治区。

葡萄牙的第一级"行政区"共分为两种，分

别为普通的"区"（Distrito Administrativo，也称为"行政地区"），以及两个位于海外的自治区（Região Autónoma，直译为"自治区域"）：亚速尔群岛与马德拉群岛。

区与自治区之下设市政区，又可称为"市""市镇"或"市镇区"（Município），是葡萄牙的基层政权单位，全国共设有308个。

按照惯例，市政区之下会再划分为数个民政区。北部的市政区通常有较多的民政区，其中巴塞卢什拥有89个民政区，是各市政区当中最多的，但也有5个市政区只设有1个民政区。亚速尔群岛的科尔武是唯一没有设置民政区的市政区。

除了正规的地方区划，葡萄牙自2008年起允许规模较大的都市联合周边卫星都市设置具有政府法人性质的"都会区"（Grande área metropolitana），目前有里斯本、波尔图两个城市使用此制度。同年起也有部分规模较小的都市自发组成数个城际共同体（Comunidade Intermunicipal），以增进都市的竞争力。

❏ 经济构成

葡萄牙是欧盟中等发达国家，工业基础较薄弱，纺织、制鞋、酿酒、旅游等是国民经济的支柱产业。软木产量占世界总产量的一半以上，出口位居世界第一。2008年起，葡萄牙受国际金融危机和主权债务危机双重打击，经济受挫，财政告急，主权信用评级被调降至"垃圾级"。

2011年4月,时任总理苏格拉底正式申请国际救助,葡萄牙成为继希腊、爱尔兰之后,第三个申请国际救助的欧盟国家。同年5月,欧委会、欧央行和国际货币基金组织组成的"三驾马车"批准为期3年、总额780亿欧元的援葡备忘录。葡萄牙须在受援期间执行紧缩政策,严格控制财政赤字。在两次放宽财政赤字标准后,葡萄牙最终于2014年5月按期完成援助备忘录,结束国际救助,重返市场自主融资。

❑ 交通情况

陆路运输是葡萄牙交通运输的主要方式,总里程超过8万公里。

铁路网:2014年国内铁路总长2843公里,其中2794公里为运营里程数。2014年,铁路运送旅客1.23亿人次,同比下降3.8%。运送货物916万吨,同比下降1.1%。

公路网:葡萄牙公路网由高速公路(AE)、主要公路(IP)、辅助公路(IC)、国道(EN)和地区公路组成。葡萄牙大陆部分公路总长为13123公里,其中2737公里是高速公路,占公路网总里程数的1/5以上。2013年公路货运量为1.5亿吨。

水运:内陆河运总里程210公里,水运主要为海运。主要港口有里斯本、阿威罗、锡图巴尔、西内斯、丰沙尔(位于马德拉群岛)和蓬塔德尔加达(位于亚速尔群岛)。2014年国内河运客运量为2542万人次,同比减少3.8%。

空运：全国有15座大型机场，38座小型机场，11座直升机场。大陆部分主要国际机场在里斯本、波尔图和法罗等地，它们都位于沿海地区。亚速尔自治区有9座机场，马德拉自治区有2座机场。

☐ 国家教育

葡萄牙实行12年义务教育，包括基础教育（小学4年，中学预备班2年，初中3年）和中等教育（3年，相当于我国高中）。高等教育为大学4～5年。科教预算约占政府总预算比重的4%。主要高等院校有里斯本大学、科英布拉大学、波尔图大学、里斯本理工大学、米尼奥大学、阿威罗大学、埃武拉大学和国家行政管理学院。葡萄牙识字率（15岁以上拥有读写能力的人口占其总数）为95.2%。

☐ 国家特色

葡萄牙是天主教国家，84.5%的人信奉天主教。由于葡萄牙紧临地中海，十五世纪又强盛一时，不论在文字、艺术和建筑方面皆有着浓厚的拉丁风情，并受天主教文化影响极深。例如，葡萄牙人的姓名一般都相当长，包含了4～6个词汇，且主要是参考拉丁语拼凑而成。一些常见的葡萄牙人名字，如Nuno、Ricardo、Santos、Luis、Xavier等都是属于拉丁词汇。葡萄牙境内天主教教堂相当多，有着浓厚的罗马天主教文化。

葡萄牙另一项出名的文化就是饮食，各种米饭、马铃薯、面包、肉类、海鲜和鱼类组成其主要食谱。葡萄牙人因钟情鳕鱼而闻名，据说有365种（即一年中每一天都可以不同）烹饪鳕鱼的方法。葡萄牙的葡萄酒自罗马时期就已经开始出口。罗马人将他们的酒神巴克科斯与葡萄牙联系起来。如今这个国家仍享誉于众多葡萄酒爱好者，这里的葡萄酒曾荣获多次国际大奖。

葡萄牙由于本身人口不及其他欧洲国家，所以在体育上成绩一直只是平平，唯一可称道的有三大足球体育会：里斯本竞技、波尔图、本菲卡。这三大体育会素以培育多样化运动人才著称，范围包括足球、篮球、田径、游泳、曲棍球以及棋艺。单以足球来说，从这三家体育会培育出来的有球员克里斯蒂亚诺·罗纳尔多、路易斯·菲戈、尤西比奥和教练穆里尼奥。

2010年5月17日，葡萄牙正式成为世界上第8个承认同性婚姻的国家。

葡萄牙的特色音乐"法朵/法多"（葡萄牙语：Fado，意为"命运，宿命"），或称"葡萄牙怨曲"，是一种音乐类型，可追溯至1820年代的葡萄牙，但起源可能更早。在大众观念中，法朵的特色是有着悲恸的曲调与歌词，其通常与海或贫困的人生有关。然而事实上，法朵不单单是一种歌曲形式，还可以与其他任何事物有关，但必须遵守一定的结构。

葡萄牙语翻开就说

02 葡萄牙节日简介

☐ 1月1日 元旦（Ano Novo）

元旦，也被称为"新历年"，是指现行公历的1月1日。

☐ 4月6日 基督受难日（Sexta Feira Santa）

基督受难日，又称为"耶稣受难节"，是基督教信徒纪念耶稣基督被钉在十字架上受难的日子，是复活节前一个星期五。据圣经记载，耶稣于公元33年犹太历尼散月十四日上午九时左右被钉在十字架上，于下午三时左右死去。耶稣唯独吩咐门徒要纪念他的死亡。

☐ 4月8日 复活节（Páscoa）

复活节（主复活日）是一个西方的重要节日，在每年春分月圆之后的第一个星期日。基督徒认为，复活节象征着重生与希望，为纪念耶稣基督被钉死在十字架之后第三天复活的日子。如该地区有复活节假期的话，通常与耶稣受难日一起放假。今天，许多与复活节相关的民间风俗例如复活节兔和复活节彩蛋都不是起源于基督教的。

☐ 4月25日 解放的周年纪念日（Dia da Liberdade）

康乃馨革命（葡萄牙语：Revolução dos Cravos），又称"四·二五革命"，指1974年4

月25日发生在首都里斯本的一次左派军事政变。康乃馨革命终止了萨拉查统治的、20世纪西欧为期最长的独裁政权，引发了两年社会骚乱的"过渡时期"（在葡萄牙称之为"革命过程进行间"，Processo Revolucionário em Curso，简称PREC），而最终实现了葡萄牙的自由民主化。此后，葡萄牙政府宣布实行非殖民化政策，放弃海外殖民地，从而使得世界各葡属殖民地纷纷脱离葡国统治而独立。与普通暴力革命相对比，葡萄牙的康乃馨革命者采用和平方式来达成目标，而没有经过大规模的暴力冲突来实现政权更迭。在政变期间，军人用康乃馨花来代替枪中子弹，"康乃馨革命"这个名字便由此而来。

❒ 5月1日　国际劳动节（Dia do Trabalhador）

国际劳动节又称"五一国际劳动节""国际示威游行日"。

❒ 6月7日　圣体节（Corpo de Deus）

基督的身体是基督徒用来描述耶稣基督的神圣教会的一个术语。基督的身体，意指全体的基督徒群体，也被称为"基督的新妇（the Bride of Christ）"，等待基督的回来。

❒ 6月10日　葡萄牙日（Dia de Portugal, de Camões e das Comunidades Portuguesas）

葡萄牙日、贾梅士日暨葡侨日（Dia de Portugal, de Camões e das Comunidades

Portuguesas），是葡萄牙的国庆节，定于每年的6月10日。该日为该国爱国诗人贾梅士的忌日。

❒ 8月15日 圣母升天节（Festa da Assunço）

❒ 10月5日 共和国日（Dia da Instauração de República）

❒ 11月1日 诸圣节（Dia de Todos os Santos）

诸圣节是天主教和东正教都有的节日。在天主教中，诸圣节在每年的11月1日。在东正教中，诸圣节是圣灵降临节（Pentecost）之后的第一个星期日，因此标志着复活节季度的结束。诸圣是一个天主教称呼，用于所有忠诚的圣者和殉道者，包括知名的和不知名的。这个节日是天主教的炼灵月的首日，是以圣者的名义庆祝的节日，而这日是用作庆祝所有被列入圣品的圣人的瞻礼。

❒ 12月1日 修复独立日（Dia da Restauraço）

❒ 12月8日 圣母无染原罪瞻礼（Imaculada Conceiço）

圣母无染原罪瞻礼（又名圣母无原罪始胎节、圣母无原罪日），是天主教节庆之一，日期是每年的12月8日，是庆祝圣母玛利亚获得无原罪的恩赐的一个瞻礼。节日可追溯自8世纪的"安纳怀孕玛丽亚"，庆祝日是12月9日，庆祝的对象是安纳老年怀孕，也庆祝圣母玛丽亚为完全圣洁，

第四部分 附录

没有受原罪所玷染。后来节日传到意大利南部、英国及法国,节日的重点对象改为圣母玛丽亚,强调玛丽亚从生命开始,已不受原罪玷染。由于此思想没有《圣经》根据,故在12世纪时曾受到一些神学家的反对,其中著名的有圣纳德。到13世纪时,由于方济各会支持此为教义思想,圣母始胎无原罪的神学思想逐渐被接受。1477年,教宗西斯笃四世批准此节日在罗马教区举行。1708年,教宗克莱孟十一世把此节日定为整个教会应举行的庆节。最后,教宗良十三世提升此节日为第一等节庆,有8日庆期。

❑ 12月25日 圣诞节(Natal)

03 葡萄牙习俗简介

❑ 社交礼仪

葡萄牙人习惯在人名前加上某种称呼,以表示礼貌与尊重。对男子普遍称为先生,对已婚女子称夫人或女士,对未婚女子称小姐或女士。葡萄牙男人相见时热情拥抱并互拍肩膀,很熟的女士相见时亲吻对方双颊。葡萄牙人惯于社交,在初认识的时候,就会表现出一定的亲密感来。与他们相处应重视人际关系。葡萄牙人重视礼节,通常在礼貌性寒暄之后都会互相交换名片。由于葡萄牙人十分重视礼貌,无论做官的人,做生意的人，在通电话时一定要先问对方的家人好，对方在奉告后，也会回敬，然后才可以谈正事，就算有再重要的事情，也要先完成这一番礼貌过程后，才能言归正传。送客则一定要亲自送到门口。向葡萄牙友人致意或离席时，宾主互相握手也是非常重要的。

服饰礼仪

葡萄牙人十分注意着装整洁，男子身穿深色西服，打领带或系领结；女子多穿华丽套服或连衣裙。在日常生活中，葡萄牙人在穿着上有着明显的职业和性别特点，男性青年职员喜欢穿一种宽松式西服，男大学生多穿运动衫、牛仔裤，女教师多穿套服。

仪态礼仪

葡萄牙人比较讲究礼仪，与人交谈时，他们坐姿端正。尤其是女子，入座时注意双腿并拢。他们不喜欢久久盯着别人，如果他人这样做会被认为很不礼貌。

节庆礼仪

斗牛是葡萄牙人十分喜爱的娱乐活动，每年元旦前后都要进行斗牛表演。与西班牙不同的是，他们并不将牛杀死，只是将牛刺伤，因此人们称这种斗牛为文明的斗牛。葡萄牙每年6月下旬要过城市节。城市节主要是为纪念那些为人民做过好事的人。届时，要放礼炮，举行游行，并在广场上欢歌。

第四部分 附录

❏ 商务礼仪

葡萄牙人平时宜穿"非常"保守、老式的西装。拜访他人须事先预约。最好的方式是事先写信告知对方何时要去拜会,待对方回信或回电后才前往。葡萄牙商人多半会带客户去一些古老、优雅的咖啡厅,招待殷勤,但是多半花费不多。

到葡萄牙从事商务活动最好选择在当年的10月至次年的6月。另外,葡萄牙在12:00～15:00不办公,在这段时间联系商务会找不到人。约会双方协定,没有预先通知不能失约,但等候15～30分钟并不稀奇。

在葡萄牙从事商业活动,见面或道别时的正式握手礼是十分重要的。商务谈判时,不宜试图施加压力,宜保守地提出生意条件。需要注意的是,拜访私人家庭办的小公司,应先确认是否带一点儿小礼物,如一束鲜花。

❏ 用餐礼仪

按照葡萄牙人的饮食习惯,用餐时应尽量喝葡萄酒。葡萄酒是葡萄牙每一个家庭必不可少的饮料。男女老幼饭前饭后都爱饮酒,也喜欢用酒招待客人。男人只有饮酒才被认为是男子汉,据说,仅酒店就有36万家之多。葡萄牙人饮酒的方法很是讲究,按葡萄牙的传统,饭前要饮用开胃的葡萄酒,饭后要喝助消化的葡萄酒,用餐过程中还会根据菜肴配酒。吃肉时喝红葡萄酒,吃鱼时饮白葡萄酒,冷拼盘则配饮玫瑰香葡萄酒,吃点心时则配葡萄汽酒。这种传统的、严格的配酒方法,流传至今,已

葡萄牙语翻开就说

成为全国人在商务宴请、社交场合和家庭饮宴时的一种礼节和习惯。葡萄牙人为什么如此重视和喜爱葡萄酒呢？他们说："葡葡酒是大地和太阳的儿子，它振奋我们的精神，启发我们的智慧。"在葡萄牙，皆称酒比水还便宜，酒精的成分也不高，因此，进食时同时喝些酒，绝不至醉酒。所以，到了葡萄酒闻名于世的葡萄牙，又醇又香，有口皆碑的佳酒值得一尝。

❑ 特色习俗

在葡萄牙，人们从元旦这一天的天气看一年的年景。他们认为，刮南风，新的一年会风调雨顺；刮西风，是个捕鱼、挤奶的好年景；刮东风，则水果丰收。他们还从新年12天的天气看12个月份的天气：1月1日的天气决定一月份的气候，以此类推。

❑ 禁忌

葡萄牙人家族意识强烈，所以要事先多了解，以适应他们的习惯。交往中禁忌对女士粗鲁无礼，缺乏礼节，不能有人种歧视。交谈间客人要避免谈论有关政治和政府的问题。另外，还要知道葡萄牙人忌讳数字13和星期五。